Impressum
Verlag: BABADADA GmbH, Nedderfeld 112 , 22529 Hamburg
Geschäftsführer / Verlagsleitung: Harald Hof
Druck: Books on Demand GmbH, In de Tarpen 42, 22848 Norderstedt

Imprint
Publisher: BABADADA GmbH, Nedderfeld 112 , 22529 Hamburg, Germany
Managing Director / Publishing direction: Harald Hof
Print: Books on Demand GmbH, In de Tarpen 42, 22848 Norderstedt, Germany

ቤት-ትምህርቲ

Šola

ክፍሊ፣ ክላስ
Razred

መቀለ
Deljenje

186/2

ሰሌዳ
Tabla

ቀጽሪ ቤት-ትምህርቲ
Šolsko dvorišče

መምህር
Učitelj

ወረቐት
Papir

ጻሓፊ
Pisati

መጽሓፊ
Pisalo

ጣውላ ምጽሓፍ
Pisalna miza

መስመር
Ravnilo

መጽሓፍ
Knjiga

ተመሃራይ
Učenec

ሳንጣ ትምህርቲ

Šolska torba

ሰፈር ብርዒ

Peresnica

ርሳስ

Svinčnik

መብልሒ ርሳስ

Šilček

መደምሰሲ

Radirka

ጥራዝ ስእሊ

Risalni blok

ስእሊ.

Risba

ብርዒ. ቀለም

Čopič

ቦክስ ቀለም

Vodene barvice

መቐስ

Škarje

መጣበቒ

Lepilo

ጥራዝ መላመዲ

Zvezek

ዕዮ ገዛ

Domača naloga

12

ቑጽሪ

Število

2+2

ወሰኽ

Seštevanje

5-2

ጎደለ

Odštevanje

2×2

ረብሐ

Množenje

ደመረ

Računanje

A

ፊደል

Črka

ABCDEFG
HIJKLMN
OPQRSTU
VWXYZ

ስርዓት ፊደላት

Abeceda

hello

ቃል

Beseda

ጽሑፍ

Besedilo

ኣንበበ

Brati

ኩርሽ

Kreda

ሰዓት

Učna ura

መዝገብ ክላስ

Redovalnica

መርመራ

Preizkus znanja

ሰርቲፊከት

Spričevalo

ድቢዛ ቤትትምህርቲ

Šolska uniforma

ትምህርቲ

Izobrazba

ለክሲኮን

Enciklopedija

ዩኒቨርሲቲ

Univerza

ሚክሮስኮፕ

Mikroskop

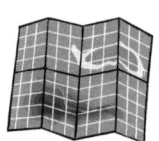

ካርታ

Zemljevid

ጎሓፍ ወረቓት

Koš za smeti

Potovanje

Grand
መቐበሊ ኣጋይሽ
Hotel
ROOMS
ሆስተል
Hostel
CHANGE
ቦታ ቅያር ገንዘብ
Menjalnica
ባሊጃ
Kovček
መኪና
Avtomobil

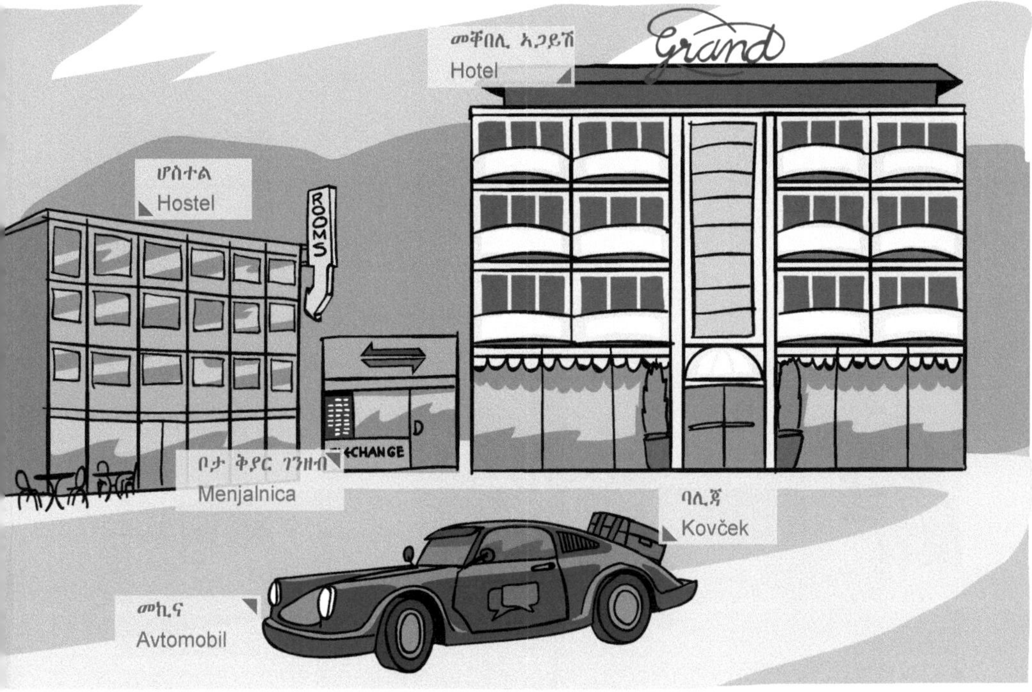

ቋንቋ

Jezik

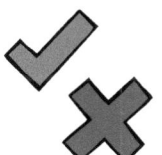

እወ / ኖ

da / ne

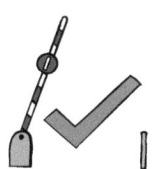

ሕራይ

Prav

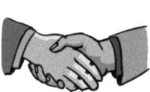

ሰላም

Pozdravljeni

ኣስተርጓሚ

Prevajalec

የቐንየለይ

Hvala

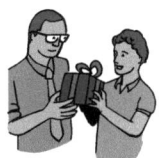

... ክንደይ ዋግኡ?

Koliko stane...?

አይተረድአኹን

Ne razumem

ሽግር

Težava

ሰላም ምሸት!

Dober večer!

ከመይ ሓዲርካ

Dobro jutro!

ሰላም ለይቲ

Lahko noč!

ደሓን ኩን

Nasvidenje

አንፈት

Smer

ጉዓዝ

Prtljaga

ሳንጣ

Torba

ሳንጣ ሕቆ

Nahrbtnik

ጋሻ

Gost

ክፍሊ

Soba

ክሻ መደቀሲ

Spalna vreča

ቴንዳ

Šotor

ሓበሬታ በጻሕቲ ሃገር

Turistične informacije

ገምገም ባሕሪ

Plaža

ክረዲት ካርድ

Kreditna kartica

ቁርሲ

Zajtrk

ምሳሕ

Kosilo

ድራር

Večerja

ቲከት

Vozovnica

ሊፍት

Dvigalo

ማሕተም ደብዳበ

Znamka

ዶብ

Meja

ድንና

Carina

ኣምባሲ

Veleposlaništvo

ቪዛ

Vizum

ፓስፖርት

Potni list

መጓዓዝያ

Prevoz

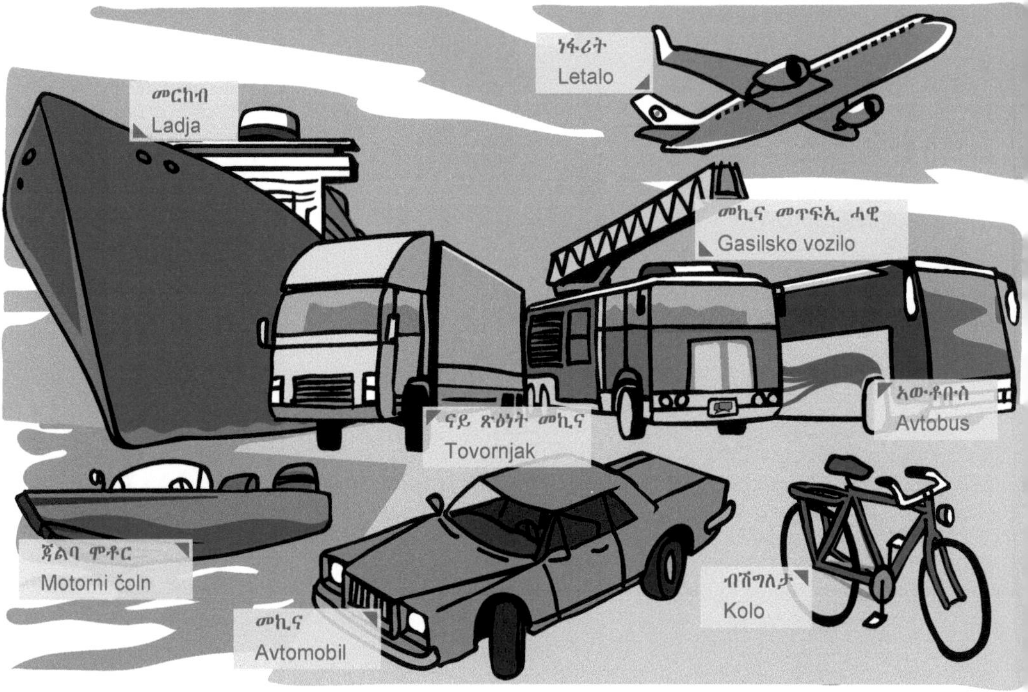

ነፋሪት
Letalo
መርከብ
Ladja
መኪና መጥፍኢ ሓዊ
Gasilsko vozilo
ኣውቶቡስ
Avtobus
ናይ ጽዕነት መኪና
Tovornjak
ጃልባ ሞቶር
Motorni čoln
ብሽግለታ
Kolo
መኪና
Avtomobil

ፈሪ

Trajekt

ጃልባ

Čoln

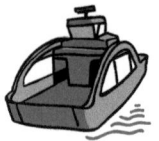

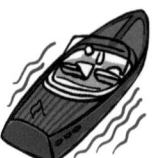

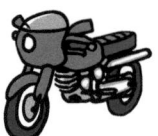

ሞቶ

Motorno kolo

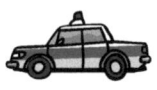

መኪና ፖሊስ

Policijski avto

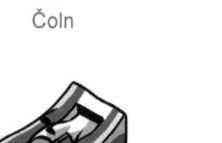

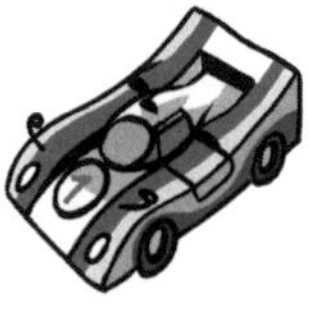

መኪና ቅድድም

Dirkalni avto

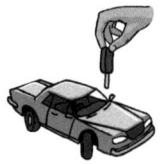

ክራይ መኪና

Najeto vozilo

ምውፋይ መካይን

Souporaba avtomobila

መወሰዲ መኪና

Avtovleka

መኪና ጎሓፍ

Smetarsko vozilo

ሞቶC

Motor

ነዳዲ

Gorivo

እንዳ ነዳዲ

Bencinska postaja

ምልክት ትራፊክ

Prometni znak

ትራፊክ

Promet

ምጭቃጩቕ ትራፊክ

Zastoj

መዓሸጊ መኪና

Parkirišče

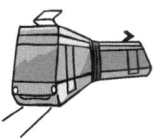

መዕረፊ ባቡር

Železniška postaja

ሓዲግ

Tirnice

ባቡር

Vlak

ትረም

Tramvaj

ባጎኒ

Vagon

ሄሊኮፕተር

Helikopter

መዓረፊ ነፈርቲ

Letališče

ታወር

Stolp

ተጓዓዚ

Potnik

ኮንተይነር

Kontejner

ሳንዱቕ ካርቶን

Karton

ኮርሳ ጽዕነት

Voziček

ዘንቢል

Košara

ተበገሰ / ዓለበ

vzleteti / pristati

ከተማ

Mesto

ቀኣሸት

Vas

ማእከል ከተማ

Mestno jedro

ገዛ

Hiša

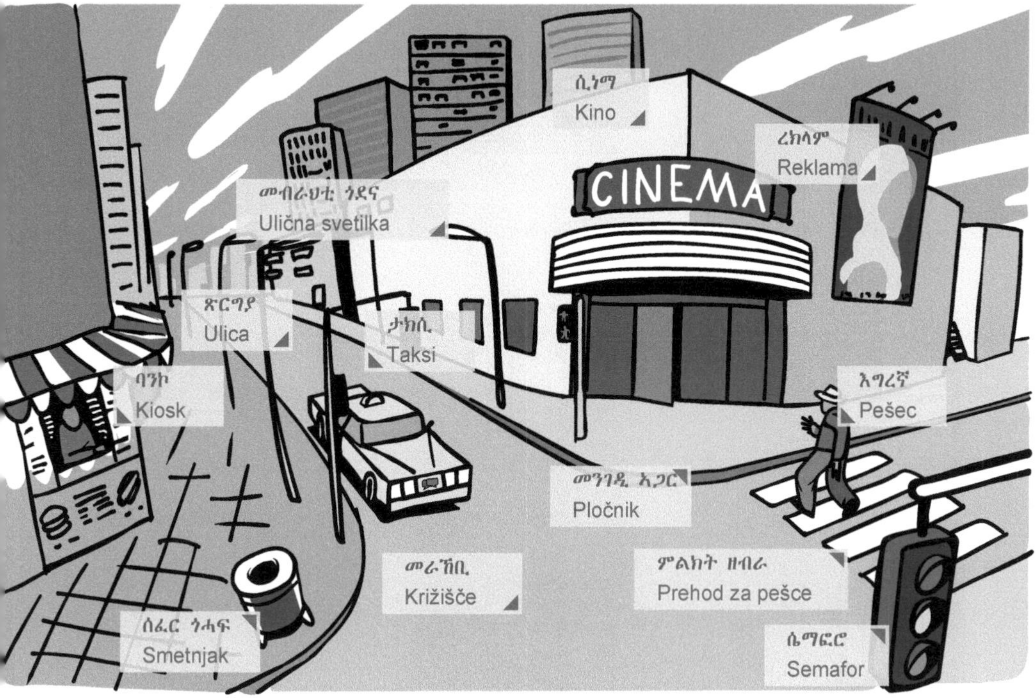

ሲነማ
Kino
ረክላም
Reklama
CINEMA
መብራህቲ ጎደና
Ulična svetilka
ጽርግያ
Ulica
ታክሲ
Taksi
ባንኮ
Kiosk
እግረኛ
Pešec
መንገዲ ኣጋር
Pločnik
መራኽቢ
Križišče
ምልክት ዘብራ
Prehod za pešce
ሰፈር ጎሓፍ
Smetnjak
ሴማፎሮ
Semafor

ኣጐዶ

Koča

ኣፓርትመንት

Stanovanje

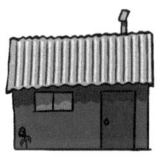

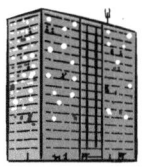

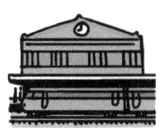

መዕረፊ ባቡር

Železniška postaja

ቤት ምምሕዳር

Mestna hiša

MUSEUM

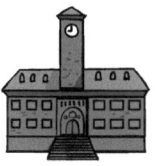

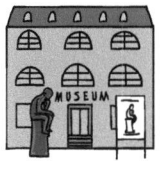

ቤተ መዘክር

Muzej

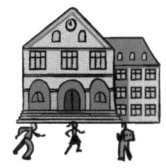

ቤት-ትምህርቲ

Šola

ዩኒቨርሲቲ
Univerza

ባንክ
Banka

ሆስፒታል
Bolnišnica

መቐበሊ ኣጋይሽ
Hotel

ቤት መድሃኒት
Lekarna

ቤት ጽሕፈት
Pisarna

ዱኳን መጽሓፍቲ
Knjigarna

ዱኳን
Trgovina

ዱኳን ዕንባባ
Cvetličarna

ሱፐርማርከት
Supermarket

ዕዳጋ
Tržnica

ሹቕ
Veleblagovnica

ነጋዳይ ዓሳ
Ribarnica

ሹቕ
Nakupovalno središče

መርሳ
Pristanišče

መዝናግዒ

Park

ባንኪ

Klop

ድልድል

Most

መደያይቦ

Stopnice

ባቡር ትሕቲ ምድሪ

Podzemna železnica

ቢንቶ

Predor

መዕረፊ ኣውቶቡስ

Avtobusno postajališče

ቤት መስተ

Bar

ቤት-መግቢ

Restavracija

ስታሪት

Poštni nabiralnik

ታቤላ

Ulična tabla

ሰዓት ፓርኪንግ

Parkirna ura

መካነ እንስሳታት

Živalski vrt

መሕምበሲ

Kopališče

መስጊድ

Mošeja

ቤት ሕርሻ

Kmetija

ብክላ

Onesnaževanje

መቃበር

Pokopališče

ቤተክርስትያን

Cerkev

ቦታ ምጽዋት

Otroško igrišče

ቤት መቕደስ

Tempelj

ስእሊ መሬት
Pokrajina

አቝጽልቲ
List

መሕበሪ መገዲ
Kažipot

መገዲ
Pot

ሸኻ
Travnik

እምኒ
Kamen

ኮብላሊ
Pohodnik

አግራብ
Drevo

ፈለግ
Reka

ሰዓሪ
Trava

ዕንባባ
Cvetlica

ስንጭሮ
....
Dolina

ጎበ
....
Hrib

ቀላይ
....
Jezero

ዱር
....
Gozd

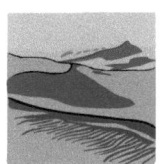

ምድረ በዳ
....
Puščava

እሳተ-ጎመራ
....
Vulkan

ግምቢ
....
Grad

ቀስተ-ደመና
....
Mavrica

ቃንጥሻ
....
Goba

ዓርኮብኮባይ
....
Palma

ጣንጡ
....
Komar

ሃመማ
....
Muha

ጻጻ
....
Mravlja

ንህቢ
....
Čebela

ሳሬት
....
Pajek

ሕንዚዝ

Hrošč

ዕንቅርዖብ

Žaba

ምጽጹላይ

Veverica

ቅንፍዝ

Jež

ማንቲለ

Zajec

ጉንጓ

Sova

ጭሩ

Ptič

ስዋን

Labod

መፍለስ

Divji prašič

ዓጋዘን

Jelen

ሙስ

Los

ግድብ

Jez

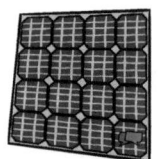

ተርባይን ንፋስ

Vetrnica

ሶላር ስርሓት

Solarna plošča

ኩነታት ኣየር

Podnebje

16   ስእሊ መሪት - Pokrajina

ቤት-መግቢ
Restavracija

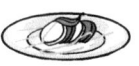

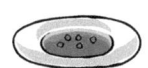

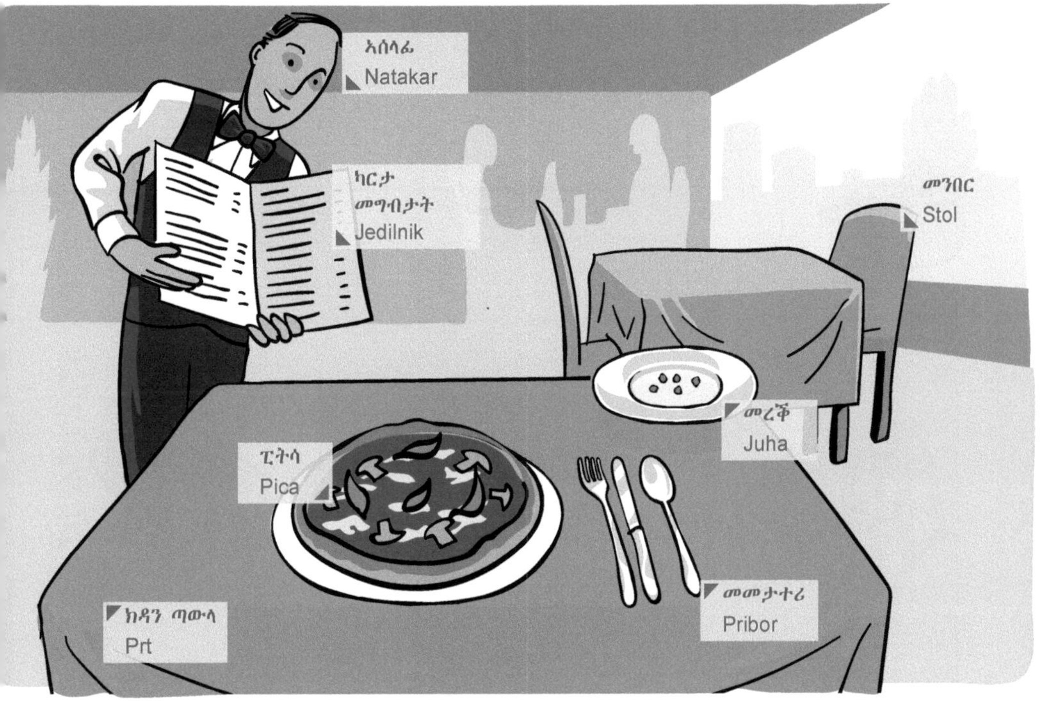
ኣሰላፊ
Natakar
ካርታ መግብታት
Jedilnik
መንበር
Stol
መረቕ
Juha
ፒትሳ
Pica
መመታተሪ
Pribor
ክዳን ጣውላ
Prt

ቅድመ ቀንዲ መግቢ

Predjed

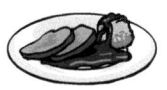

ቀንዲ መኣዲ

Glavna jed

ድሕረ መግቢ

Sladica

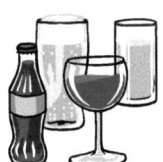

መስተ

Pijače

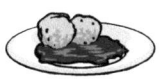

መግቢ

Hrana

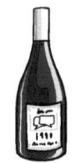

ጥርሙዝ

Steklenica

ስሉጥ መግቢ.

Hitra hrana

መግቢ. ጽርግያ

Ulična hrana

ብርጭቆ ሻሂ

Čajnik

ታኒካ ሽኮር

Sladkornica

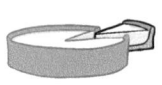

ክፋል

Porcija

ማሺን ኤስፕረሶ

Aparat za espresso

ነዊሕ መንበር

Stolček za hranjenje

ጸብጻብ

Račun

ታብለት

Pladenj

ካራ

Nož

ፋርከታ

Vilica

ማንካ

Žlica

ማንካ ሻሂ

Čajna žlička

ሰርቪየተ

Servieta

ብኬሪ

Kozarec

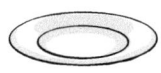

ሸሓኒ
....
Krožnik

ሸሓኒ መረቕ
....
Globoki krožnik

ትሕቲ ኩባያ
....
Krožniček

ጸብሒ
....
Omaka

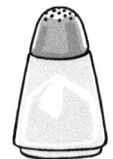

ወሃቢ ጨው
....
Solnica

መጥሓን በርበሬ
....
Mlinček za poper

ኣቾቶ
....
Kis

ዘይቲ
....
Olje

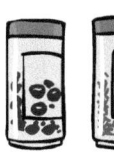

ቀመም
....
Začimbe

ከቹፕ
....
Kečap

ኣድሪ
....
Gorčica

ማዮኔዝ
....
Majoneza

ሱፐርማርኬት
Supermarket

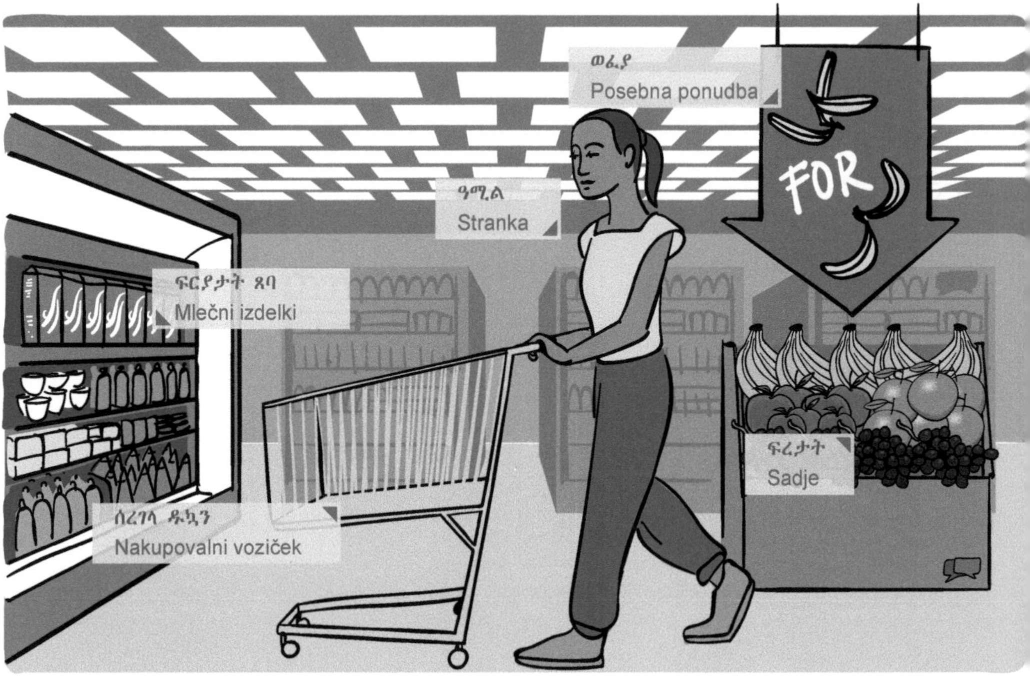
ወፈያ
Posebna ponudba
ዓሚል
Stranka
FOR
ፍርያታት ጸባ
Mlečni izdelki
ፍረታት
Sadje
ሰረገላ ዱኳን
Nakupovalni voziček

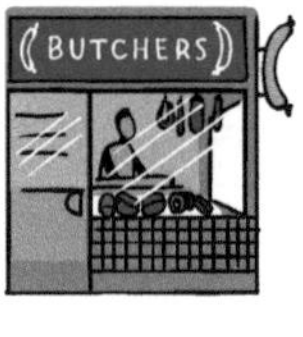
BUTCHERS

እንዳ ስጋ

Mesnica

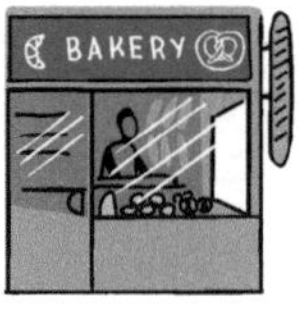
BAKERY

እንዳ ባኒ

Pekarna

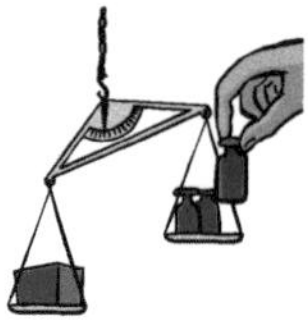

ክብደት

Tehtati

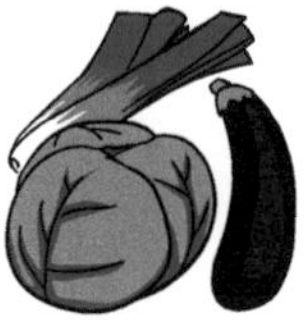

ኣሕምልቲ

Zelenjava

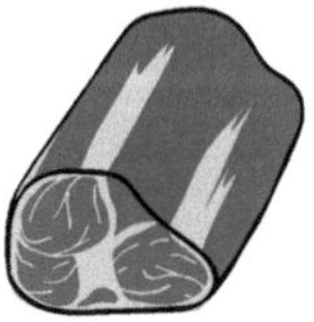

ስጋ

Meso

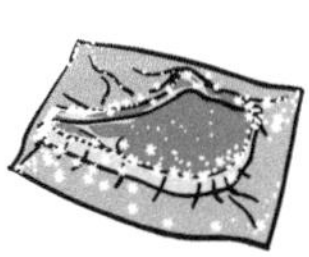

መግቢ ፍሪጅ በረድ

Zamrznjena hrana

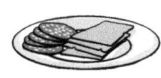

ዝሑል ቅሩብ መግቢ.

Hladne mesnine

እስታጥላ

Konzerve

አሞ

Pralni prašek

ምቁር መግቢ.

Sladkarije

ዘቤታውያን አቕሑ

Gospodinjski izdelki

ናውቲ መጽረዪ.

Čistilno sredstvo

ሸቃጣይ

Prodajalka

ካሳ

Blagajna

ተሓዝ ገንዘብ

Blagajnik

ዝርዝር ምግዛእ

Nakupovalni seznam

ክፉት ስዓታት

Delovni čas

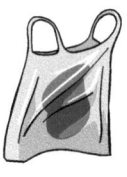

ማሕፉዳ

Denarnica

ክረዲት ካርድ

Kreditna kartica

ሳንጣ

Torba

ፌስታል

Plastična vrečka

ማይ

Voda

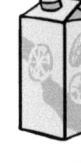

ጅማቒ

Sok

ጸባ

Mleko

ኮላ

Kola

ነቢት

Vino

ቢራ

Pivo

አልኮል

Alkohol

ካካው

Kakav

ሻሂ

Čaj

ቡን

Kava

ኤስፕረሶ

Espresso

ካፑቺኖ

Kapučino

ባናና

Banana

ቱፋሕ

Jabolko

አራንሺ

Pomaranča

ብርጭቆ

Lubenica

ለሚን

Limona

ካሮት

Korenje

ጸዕዳ ሽጉርቲ

Česen

ባምቡስ

Bambus

ሽጉርቲ

Čebula

ቅንጥሻ

Goba

ፉል

Oreščki

ፓስታ

Rezanci

ስፓጌቲ

Špageti

ሩዝ

Riž

ሰላጣ

Solata

ቅልዋ ድንሽ

Ocvrt krompirček

ቅሉው ድንሽ

Pečen krompir

ፒትሳ

Pica

ሃምቡርገር

Hamburger

ፓኔኖ

Sendvič

ቢስተካ

Zrezek

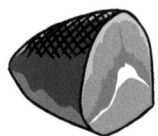

ሰለፍ ሓሰማ

Šunka

ሳላሚ

Salama

ግዕዝም

Klobasa

ደርሆ

Piščanec

ቀለወ

Pečenka

ዓሳ

Riba

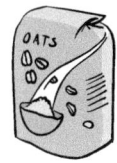

ገዓት

Ovseni kosmiči

ሙስሊ.

Musli

ኮርንፍለይክስ

Koruzni kosmiči

ሓርጭ

Moka

ክሮሶን

Rogljiček

ባኒ

Žemlja

ባኒ

Kruh

ቶስት

Prepečenec

ብሽኮቲ

Piškoti

ጠስሚ

Maslo

ርጎኦ

Skuta

ፓስተ

Torta

እንቋቍሖ

Jajce

ቅሉው እንቋቍሖ

Pečeno jajce na oko

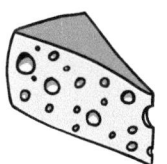

ፋርማጆ

Sir

አይስ ክሪም

Sladoled

ሽኮር

Sladkor

መዓር

Med

ጃም

Marmelada

ኑጋት-ክሬም

Čokoladni namaz

ኩሪ

Kari

ቤት ሕርሻ
Kmetija

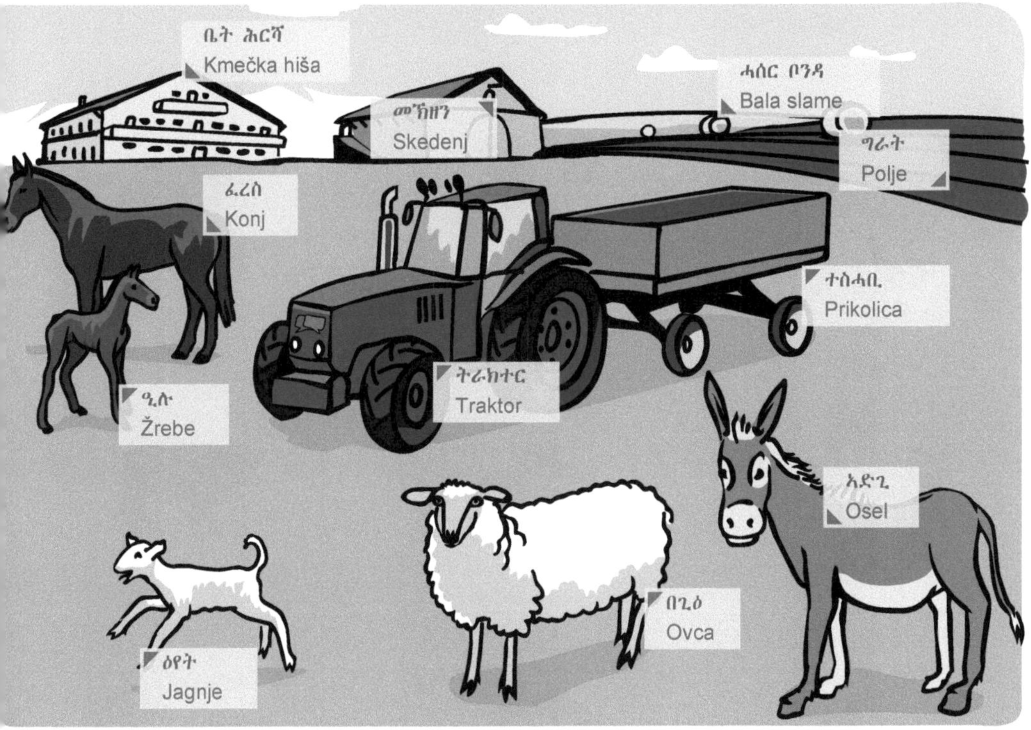
ቤት ሕርሻ
Kmečka hiša
መኽዘን
Skedenj
ሓሰር ቦንዳ
Bala slame
ግራት
Polje
ፈረስ
Konj
ተስሓቢ
Prikolica
ትራክተር
Traktor
ዒሉ
Žrebe
ኣድጊ
Osel
በጊዕ
Ovca
ዕየት
Jagnje

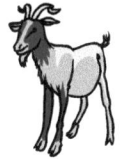

ጤል

Koza

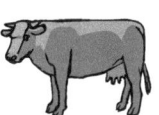

ብዕራይ

Krava

ምራኽ

Tele

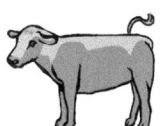

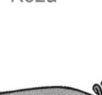

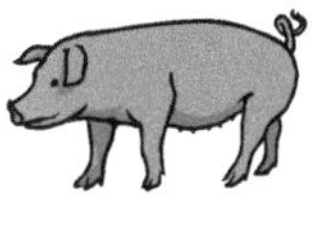

ሓሰማ

Prašič

ውላድ ሓሰማ

Pujsek

ኣርሓ

Bik

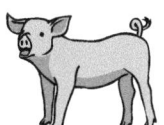

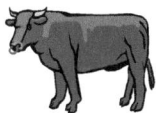

ዓሳ

Gos

ማይ ደርሆ

Raca

ጫቚፉት

Piščanec

ደርሆ

Kokoš

ኣርሓ ደርሆ

Petelin

ኣንጨዋ ዓባይ

Podgana

ድሙ

Mačka

ኣንጭዋ

Miš

ብዕራይ

Vol

ከልቢ

Pes

ኣጕዶ ከልቢ

Pasja uta

ቱቦ ጀርዲን

Cev za zalivanje

መዝፈፈ ማይ

Kangla za zalivanje

ዓቢ ማዕጺድ

Kosa

ማሕረሻ

Plug

ቤት ሕርሻ - Kmetija

ማዕጺድ
Srp

ጭኳሮ
Motika

መስአ
Vile

ፋስ
Sekira

ዓረብያ ኢድ
Samokolnica

ጋብላ
Korito

ብርጭቆ ጸባ
Kangla za mleko

ክሻ
Vreča

ሓጹር
Ograja

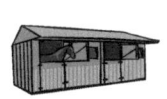

መንሰስ
Hlev

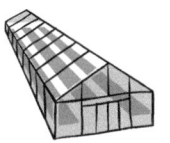

ቤጠልያ ገዛ
Rastlinjak

ባይታ
Prst

ዘርኢ
Seme

ድኹዒ
Gnojilo

ዘጣምር ቀውዓይ
Kombajn

ቀውዐ

Žeti

ጸማ

Žetev

ድንሽ ያም

Jam

ስርናይ

Pšenica

ሶያ

Soja

ድንሽ

Krompir

ዕፉን

Koruza

ራፕስ

Oljna ogrščica

ገረብ ፍረታት

Sadno drevo

ማኒኦክ

Maniok

ኦእኽል

Žito

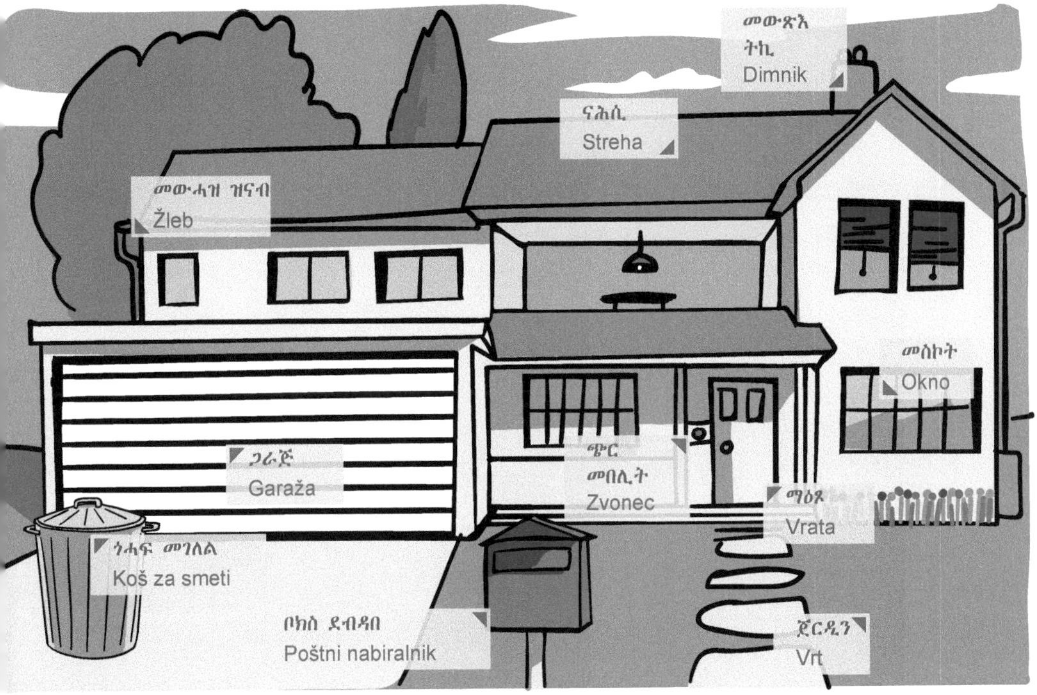

መውጽእ ትኪ
Dimnik

ናሕሲ
Streha

መውሓዝ ዝናብ
Žleb

መስኮት
Okno

ጋራጅ
Garaža

ጭሩ መበሊት
Zvonec

ማዕጾ
Vrata

ጎሓፍ መገለል
Koš za smeti

ቦክስ ደብዳበ
Poštni nabiralnik

ጀርዲን
Vrt

ክፍሊ ምችማጥ
Dnevna soba

ክፍሊ ባንዮ
Kopalnica

ክሽነ
Kuhinja

ክፍሊ መደቀሲ
Spalnica

ክፍሊ ቆልዑ
Otroška soba

መመገቢ ክፍሊ
Jedilnica

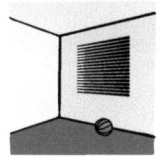

ባይታ
....
Tla

መንደቕ
....
Stena

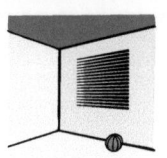

ከቦርታ
....
Strop

ካንቲና
....
Klet

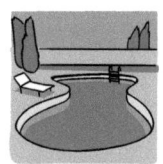

ሳውና
....
Savna

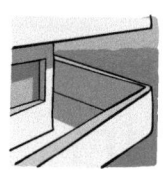

ባልኮን
....
Balkon

ዛላ
....
Terasa

መሕምበሲ
....
Bazen

መቑረጺ ሳዕሪ
....
Kosilnica

ኣንሶላ ዓራት
....
Rjuha

ከቦርታ ዓራት
....
Posteljno pregrinjalo

ዓራት
....
Postelja

መኹስተር
....
Metla

 መገለል
....
Vedro

መወልዒት
....
Stikalo

ክፍሊ ምቕማጥ

Dnevna soba

ወረቐት መንደቕ
Tapeta
ስእሊ
Slika
ላምፓ
Svetilka
ክብሒ
Polica
ክብሒ
Omara
ተለቪዥን
Televizor
መውጽኢ ትኪ ኣብ ገዛ
Kamin
ዕንባባ
Cvetlica
መተርኣስ
Blazina
ሳሎን
Zofa
ባዞ
Vaza
ሪሞት
Daljinski upravljalnik

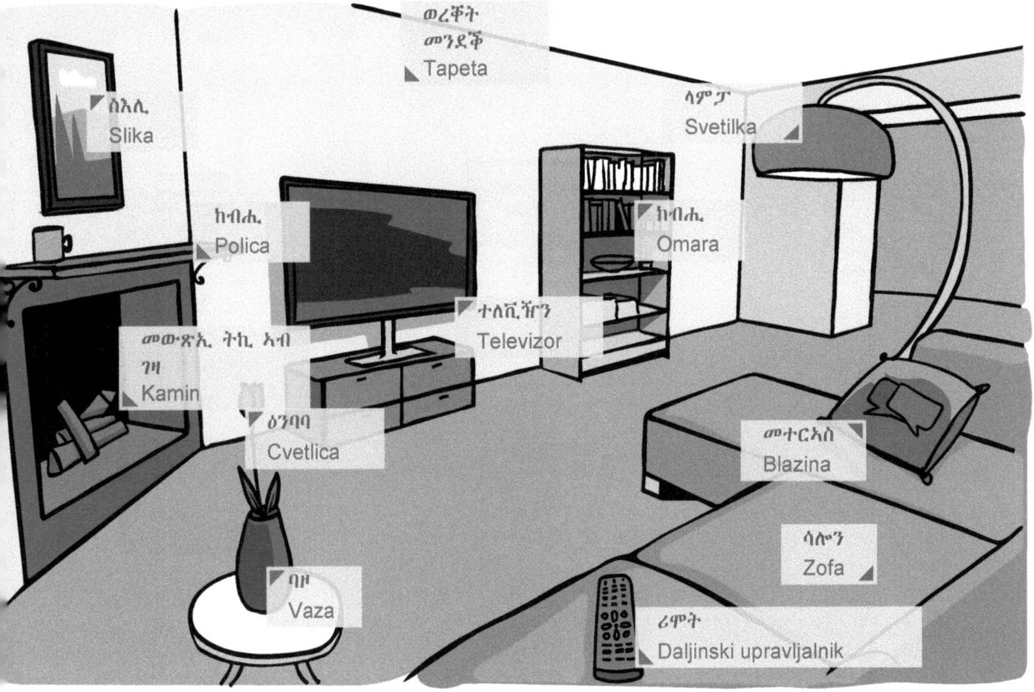

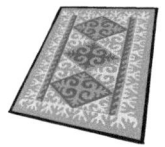

መንጸፍ

Preproga

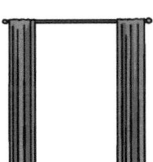

መጋረጃ

Zavesa

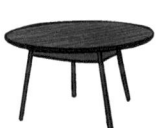

ጣውላ

Miza

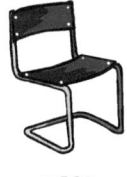

መንበር

Stol

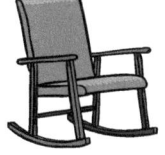

ሰለል ዝብል መንበር

Gugalnik

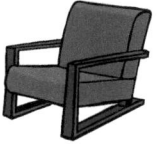

መንበር ምቹእ

Naslanjač

መጽሓፍ

Knjiga

ከበርታ

Odeja

ስልማት

Dekoracija

እንጨይቲ ሓዊ

Drva

ፊልም

Film

ስተረዮ

Glasbeni stolp

መፍትሕ

Ključ

ጋዜጣ

Časopis

ቕብአ

Slika

ፖስተር

Plakat

ሬድዮ

Radio

ጥራዝ

Beležka

መልገሲ ደሮና

Sesalnik

በለስ

Kaktus

ሽምዓ

Sveča

ክሽነ
Kuhinja

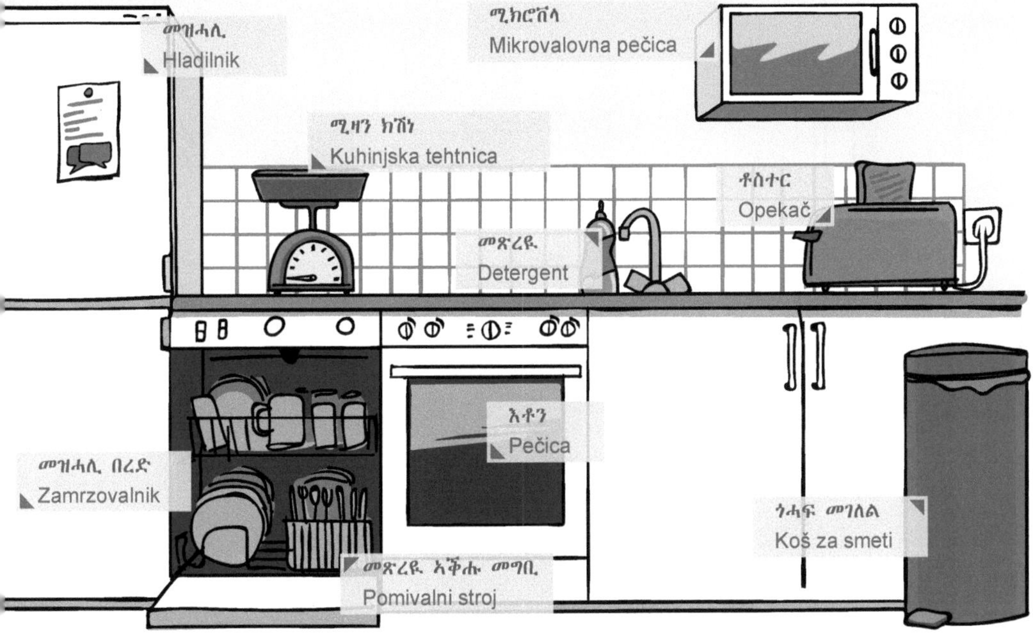

መዝሓሊ
Hladilnik
ሚክሮቨላ
Mikrovalovna pečica
ሚዛን ክሽነ
Kuhinjska tehtnica
ቶስተር
Opekač
መጽረዪ
Detergent
እቶን
Pečica
መዝሓሊ በረድ
Zamrzovalnik
ጎሓፍ መገለል
Koš za smeti
መጽረዪ ኣቕሑ መግቢ
Pomivalni stroj

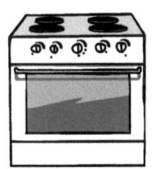

መኸሸኒ

Kozica

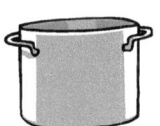

ድስቲ

Lonec

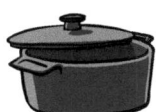

ድስቲ ሓጺን

Litoželezni lonec

ቮክ/ካዳይ

Vok / kadai

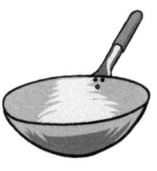

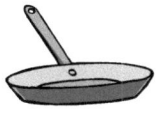

ባደላ

Ponev

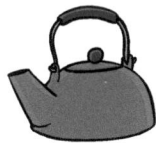

መውዓዪ ማይ

Kotliček

መፍልሒ

Parni kuhalnik

ጎንቴራ ምስንካት

Pekač

አቑሑ መግቢ

Posoda

ብርጭቆ

Skodelica

ጭሓሎ

Skleda

ማንካቺና

Jedilne paličice

ማንካ መረቕ

Zajemalka

መገልበጢ ባደላ

Lopatica

መኽብተር ውርጪ

Metlica

መንፈት መግቢ

Cedilnik

መንፈት

Cedilo

መፋሕፍሒ

Strgalo

ሞርታር

Možnar

ባርቢክዩ

Žar

ስፍራ ሓዊ

Ognjišče

እንጨይቲ ምምታር

Deska za rezanje

እንጨይቲ ኩረር

Valjar

መኽፈት ቡሽ

Odpirač za steklenice

ታኒካ

Pločevinka

መኽፈቲ ታኒካ

Odpirač za konzerve

ጨርቂ ድስቲ

Prijemalka za posodo

ቡምባ

Korito

አስባስላ

Ščetka

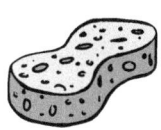

ሰፍነግ

Goba

ሓዋሲ አደባላጂ

Mešalnik

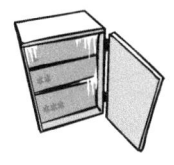

መዝሓሊ በረድ

Zamrzovalna skrinja

ጥርሙዝ ማማይ

Steklenička

ቡምባ ማይ

Pipa

Kopalnica

መውዓዪ
Ogrevanje

መሕጸቢ ሻወር
Prha

ሽጎማኖ
Brisača

ሻወር መጋረጃ
Zavesa za prho

መሕጸቢ ዓፍራ
Peneča kopel

ባንዮ መሕጸቢ
Kopalna kad

ብኬሪ
Kozarec

ሓጻቢት
Pralni stroj

ቡምባ ማይ
Pipa

ማቶነላ
Ploščice

ድስቲ
Kahlica

ቡምባ
Korito

ሽቓቕ
Stranišče

ሽቓቕ ኮፍ
Stranišče na počep

ቢዱ
Bide

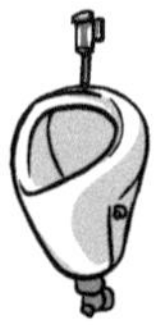

ሽቓቕ ተባዕታይ
Pisoar

ወረቐት ሽቓቕ
Toaletni papir

ኣስባስላ ሽቓቕ
Ščetka za straniščno školjko

አስባስላ ስኒ
Zobna ščetka

ክረማ ስኒ
Zobna pasta

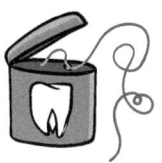

ሃሪ ስኒ
Zobna nitka

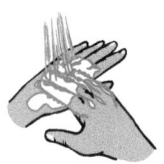

ሓጸበ
Umiti se

ዱሽ ኢ.ድ
Ročna prha

ዱሽ
Prha za intimne dele

ብርጭቆ ምሕጻብ
Umivalnik

አስባስላ ሕቆ
Krtača za hrbet

ሳምና
Milo

ሻወር ጀል
Gel za prhanje

ሻምፑ
Šampon

ጨርቂ መሕጸቢ
Krpica za miljenje

መውሓዚ
Odtok

ክረማ
Krema

ደዮ ጨና
Deodorant

መስትያት

Ogledalo

ናይ ኢድ መስትያት

Ročno ogledalo

መላጸ

Britvica

ዓፍራ ምልጻይ

Pena za britje

ጨና ድሕሪ ምልጻይ

Vodica po britju

መመሸጥ

Glavnik

አስባስላ

Ščetka

መንቆጺ ጸጉሪ

Sušilnik za lase

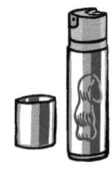

ስፕረይ ጸጉሪ

Lak za lase

መመላኽዒ

Ličila

ብርዒ ቀለም ከንፈር

Šminka

አዝማልቶ

Lak za nohte

ጸምሪ ጡጥ

Vatirane blazinice

መስደዲ ጽፍሪ

Škarjice za nohte

ጨና

Parfum

ሳንጣ መሕጸቢ
Toaletna torbica

ድኳ
Stol brez naslonjala

ሚዛን
Osebna tehtnica

ክዳን መሕጸቢ
Kopalni plašč

ጓንቲ መጸረዪ
Gumijaste rokavice

ታምፖን
Tampon

ጨርቂ ሰበይቲ
Damski vložki

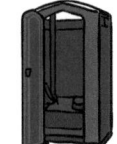

ሽቓቕ ከሚስትሪ
Kemično stranišče

ክፍሊ ቆልዑ

Otroška soba

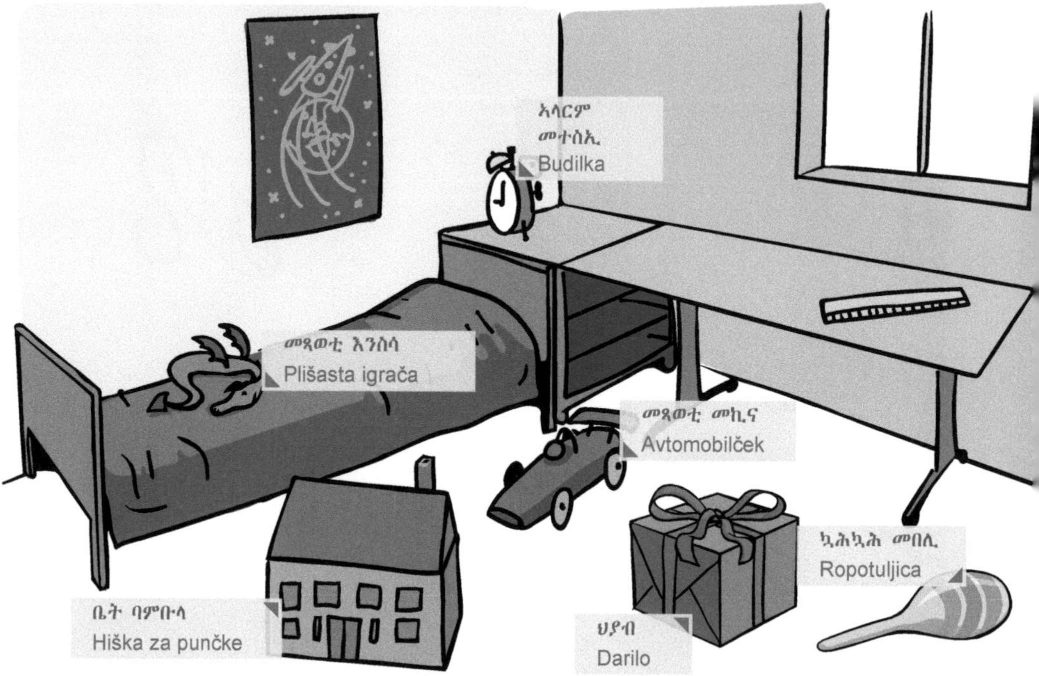
ኣላርም
መተስኢ
Budilka
መጻወቲ እንስሳ
Plišasta igrača
መጻወቲ መኪና
Avtomobilček
ኳሕኳሕ መበሊ
Ropotuljica
ቤት ባምቡላ
Hiška za punčke
ህያብ
Darilo

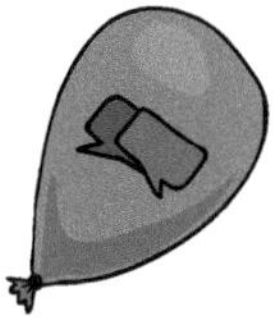

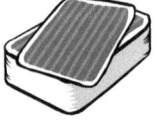

ባላንችና

Balon

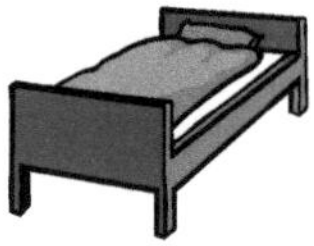

ዓራት

Postelja

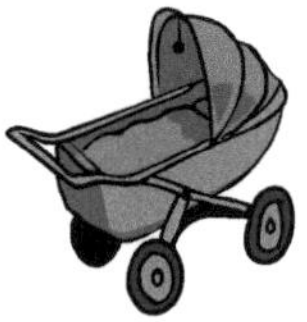

ሰረገላ ህጻን

Otroški voziček

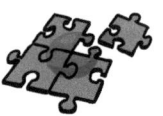

ጸወታ ካርታ

Igralne karte

ሕንቅሊተይ

Sestavljanka

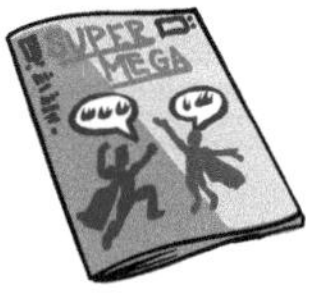
SUPER
MEGA

ኮሜዲ

Strip

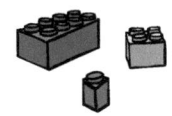

እምንታት መጻወቲ ለጎ

Lego kocke

መጻወቲ እምንታት

Igralne kocke

በዓል አክቸን

Akcijska figura

ክዳን ማማይ

Bodi

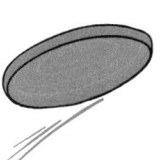

ፍሪስቢ

Frizbi

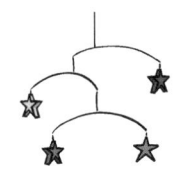

ሞባይል ማማይ

Vrtiljak za posteljico

ጸወታ ሰሌዳ

Namizna igra

ኩቦ

Kocka

ሞደል ባቡር ምድሪ

Komplet modelov vlakov

ዓባስ

Duda

ፓርቲ

Zabava

መጽሓፍ ስእሊ

Slikanica

ኩዕሶ

Žoga

ባምቡላ

Lutka

ተጻወት

Igrati se

መጻወቲ ሑጻ

Peskovnik

ሰላል

Gugalnica

መጻወቲታት

Igrače

ኮንሶል ቪድዮ

Igralna konzola

መጻወቲ ሰለስተ መንኮርኮር

Tricikel

ተዲ

Plišasti medvedek

ከብሒ ክዳን

Garderoba

ካልስታት

Nogavice

ነዊሕ ካልስታት

Samostoječe nogavice

ስረ ካልሲ

Hlačne nogavice

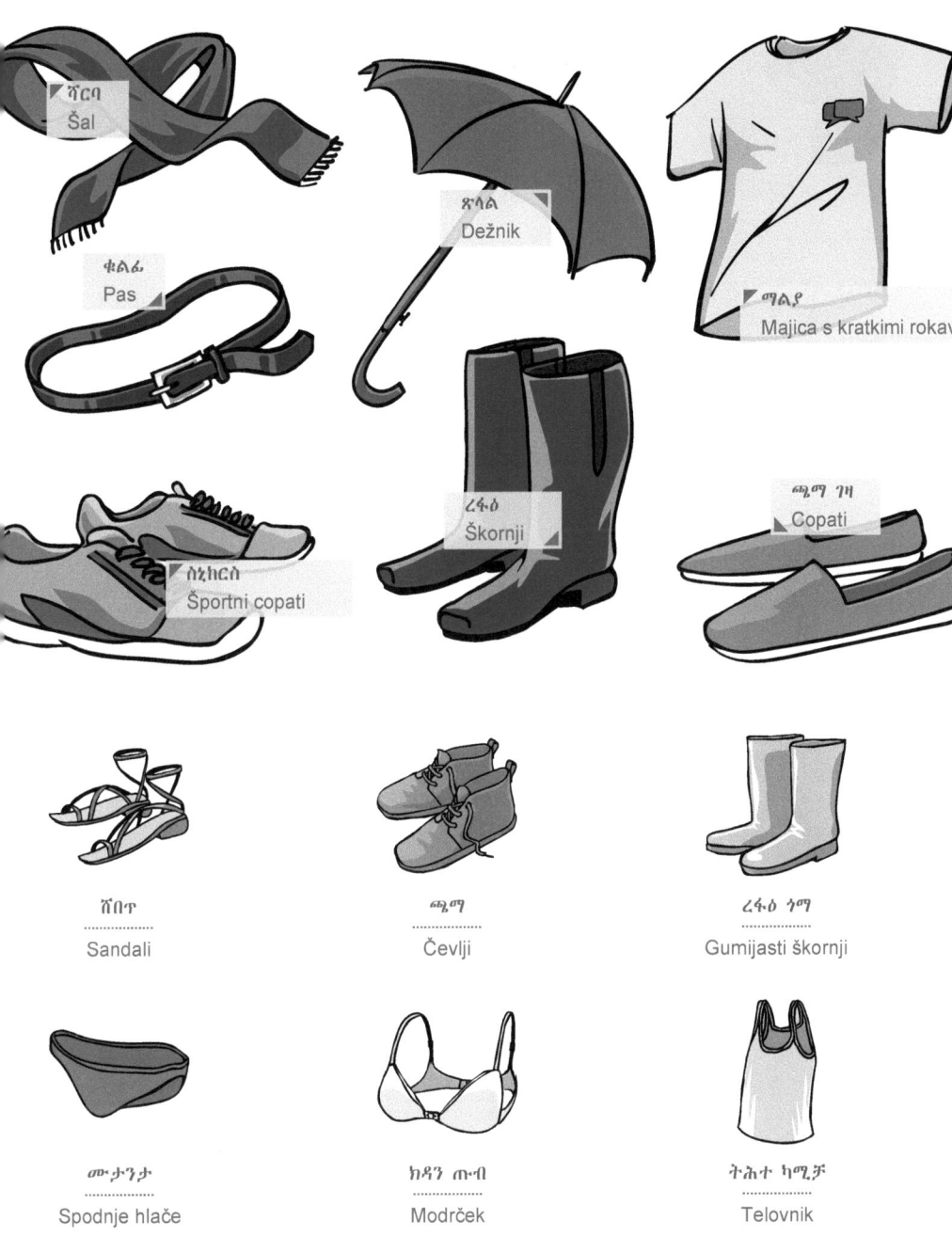

ሻርባ
Šal

ቁልፊ
Pas

ጽላል
Dežnik

ማልያ
Majica s kratkimi rokavi

ስኒከርስ
Športni copati

ረፉዕ
Škornji

ጫማ ገዛ
Copati

ሻቡጥ
Sandali

ጫማ
Čevlji

ረፉዕ ጎማ
Gumijasti škornji

ሙታንታ
Spodnje hlače

ክዳን ጡብ
Modrček

ትሕተ ካሚቻ
Telovnik

ቦዲ

Bodi

ስረ

Hlače

ጂንስ

Kavbojke

ቀምሽ

Krilo

ካምቻ

Bluza

ካሚቻ

Srajca

ጉልፎ

Pulover

ጎልፎ

Pletena jopica

ጃኬት

Jopa

ጃከት

Jakna

ጁባ

Plašč

ክዳን ዝናብ

Dežni plašč

ኮስቱም

Kostim

ቀምሽ

Obleka

ቀምሽ መርዓ

Poročna obleka

ልብሲ.

Obleka

ካሚቻ ለይቲ

Spalna srajca

ክዳን ለይቲ

Pižama

ሳሪ

Sari

መሃረብ ርእሲ.

Naglavna ruta

ቱርባን

Turban

ቡርካ

Burka

ካፍታን

Kaftan

አባያ

Abaja

ክዳን መሕምበሲ.

Kopalke

ስረ መሕምበሲ.

Kopalne hlače

ሓጺር ስረ

Kratke hlače

ክዳን ታዕሊም

Trenirka

በጀ ክዳን

Predpasnik

ጓንቲ

Rokavice

መልጎም
....
Gumb

መነጽር
....
Očala

በንናጅር
....
Zapestnica

ማዕተብ
....
Verižica

ቀለበት
....
Prstan

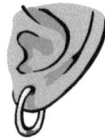

ኩትሻ
....
Uhan

ቆብዕ
....
Kapa

መንበሪ ጁባ
....
Obešalnik

ባርኔጣ
....
Klobuk

ካራባት
....
Kravata

ሻርኔጣ
....
Zadrga

ሀልመት
....
Čelada

መድልደል ስረ
....
Naramnice

ድቢዛ ቤትትምህርቲ
....
Šolska uniforma

ድቢዛ
....
Uniforma

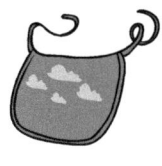

ሰደርያ ቆልዓ

Slinček

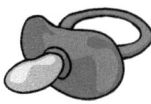

ዓባስ

Duda

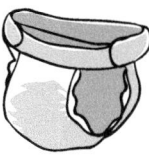

ጨርቂ ማማይ

Plenica

ቤት ጽሕፈት

Pisarna

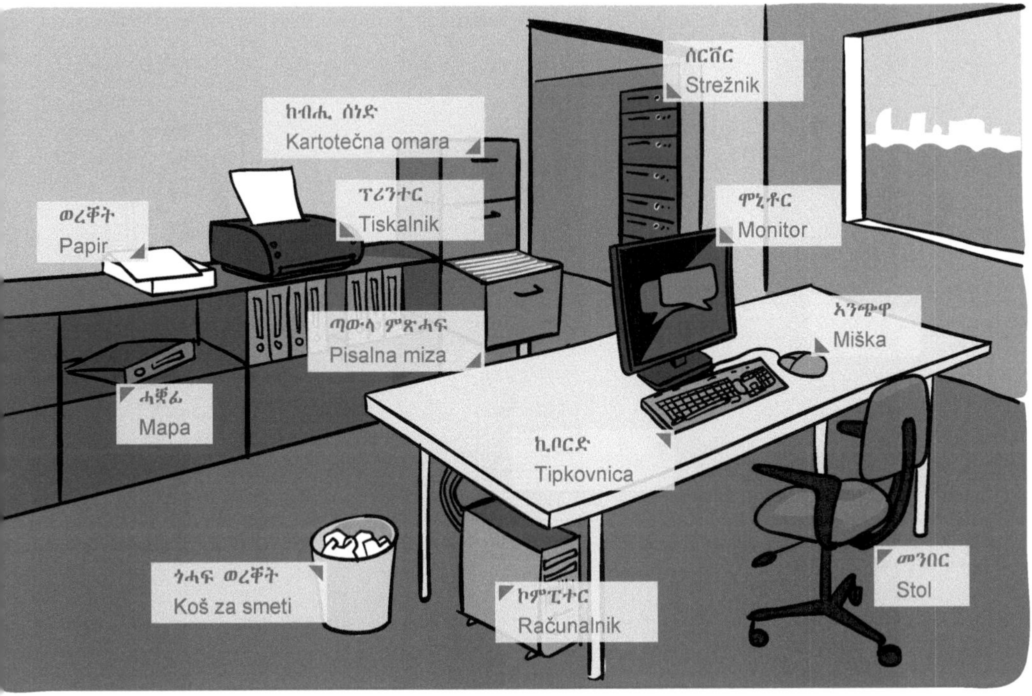
ሰርቨር
Strežnik
ክብሒ ሰነድ
Kartotečna omara
ፕሪንተር
Tiskalnik
ወረቐት
Papir
ሞኒቶር
Monitor
ጣውላ ምጽሓፍ
Pisalna miza
አንጭዋ
Miška
ሓቛፊ
Mapa
ኪቦርድ
Tipkovnica
ጎሓፍ ወረቐት
Koš za smeti
መንበር
Stol
ኮምፒተር
Računalnik

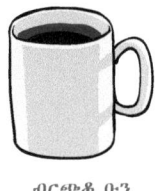

ብርጭቆ ቡን

Lonček za kavo

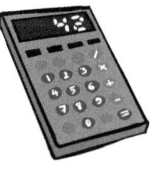

ካልኩለተር

Kalkulator

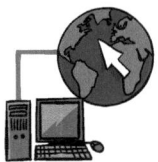

ኢንተርነት

Internet

ለፕቶፕ

Prenosnik

ደብዳበ

Pismo

መልእኽቲ

Sporočilo

ሞባይል

Mobilnik

ነትወርክ/መርበብ

Omrežje

መቅድሒ ፎቶኮፒ

Kopirni stroj

ሶፍትዌር

Programska oprema

ተለፎን

Telefon

ሶከት ኣረንቲ

Vtičnica

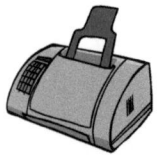

ፋክስ

Telefaks

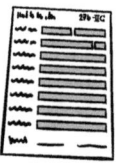

ፎርም

Obrazec

ሰነድ

Dokument

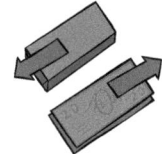

ገዝአ

Kupiti

ከፈለ

Plačati

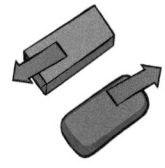

ንግዱ

Trgovati

ገንዘብ

Denar

 USD

ዶላር

Dolar

 EUR

ኦይሮ

Evro

 JPY

የን

Jen

 RUB

ሩበል

Rubelj

 CHF

ስዊዝ ፍራንክን

Švičarski frank

 CNY

ረንሚንቢ የዋን

Kitajski juan renminbi

 INR

ሩፒየ

Rupija

መውጽኢ ማሽን ገንዘብ

Bankomat

በታ ቅያር ገንዘብ

Menjalnica

ወርቂ

Zlato

ብሩር

Srebro

ዘይቲ

Nafta

ሓይሊ

Energija

ዋጋ

Cena

ውዕል

Pogodba

ቀረጽ

Davek

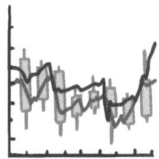

እኩብ ጥሪ-ነገራት

Delnice

ሰርሒ

Delati

ሰራሕተኛ

Delojemalec

ኣስራሒ

Delodajalec

ትካል

Tovarna

ዱኳን

Trgovina

በዓል ፖሊስ
Policist

መጠፊኢ
ሓዊ
Gasilec

ከሻኒ
Kuhar

ሓኪም
Zdravnik

መራሒ ነፋሪት
Pilot

ሰራሕተኛ ጀርዲን
Vrtnar

ጸራቢ ዕንጸይቲ
Mizar

ሰፋይት
Šivilja

ፈራዳይ
Sodnik

ቀማሚ
Kemik

ተዋሳኢ
Igralec

መራሒ አዉቶቡስ

Voznik avtobusa

አዉቲስታ ታክሲ

Taksist

ገፋሪ ዓሳ

Ribič

ጸራጊት

Čistilka

ሃናጻይ ናሕሲ

Krovec

አሰላፊ

Natakar

ሃዳናይ

Lovec

ሰኣላይ

Pleskar

እንዳ ሕብስቲ

Pek

ኤለትሪከኛ

Električar

ሃናጺ አባይቲ

Gradbenik

ሃንዳሲ

Inženir

ሰራሕተኛ እንዳ ስጋ

Mesar

ድራብሊኮ

Vodovodni inštalater

አማላሳሲ ፖስጣ

Poštar

ወተሃደር
·············
Vojak

መሃንድስ
·············
Arhitekt

ተሓዝ ገንዘብ
·············
Blagajnik

ሰራሕተኛ ዕምባባ
·············
Cvetličar

ቀምቃማይ
·············
Frizer

ፈተሪኖ
·············
Sprevodnik

መካኒክ
·············
Mehanik

መራሒ መርከብ
·············
Kapitan

ሓኪም ስኒ
·············
Zobozdravnik

ተመራማሪ
·············
Znanstvenik

ራቢ
·············
Rabin

ኢማም
·············
Imam

ፈላሲ
·············
Menih

ቀሺ
·············
Duhovnik

ናውቲ

Orodje

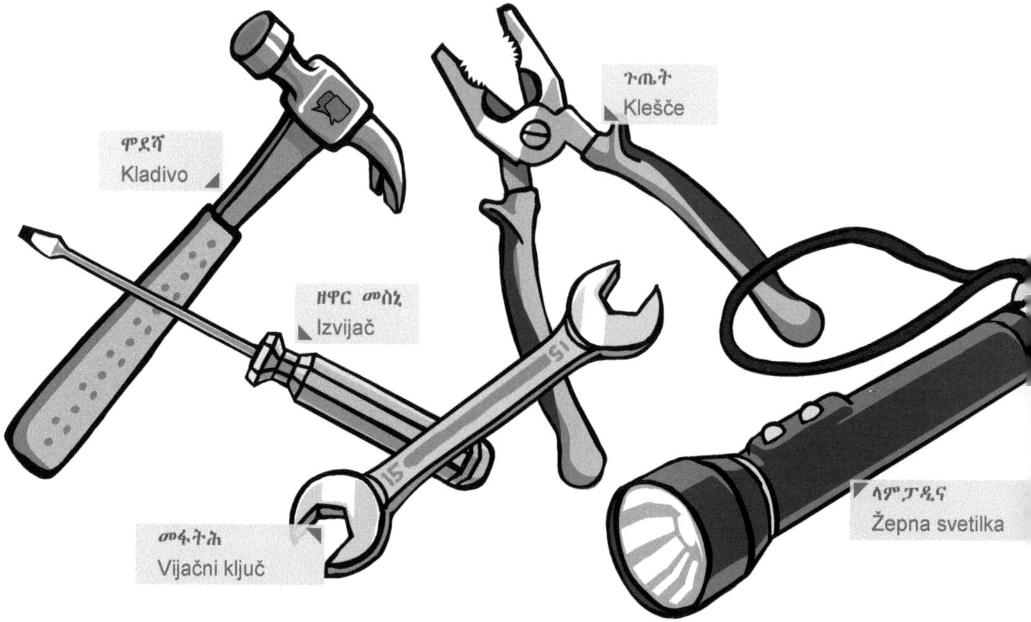
ሞደሻ
Kladivo
ጉጠት
Klešče
ዘዋር መስኒ
Izvijač
መፋትሕ
Vijačni ključ
ላምፓዲና
Žepna svetilka

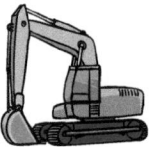

ፈሓሪ

Bager

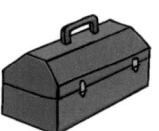

ናውቲ ቦክስ

Zaboj z orodjem

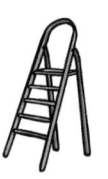

መደያይቦ

Lestev

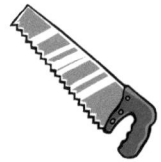

መጋዝ

Žaga

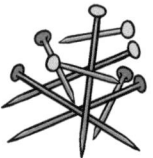

መስማር

Žeblji

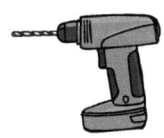

ኩዓቲ

Vrtalnik

ምዕራይ
Popraviti

ባደላ
Lopata

አይ!
Šment!

መትሓዚ ዶሮና
Smetišnica

ድስቲ ቀለም
Posoda z barvo

ካቻቢተ
Vijaki

መሳርሒ ሙዚቃ
Glasbeni instrument

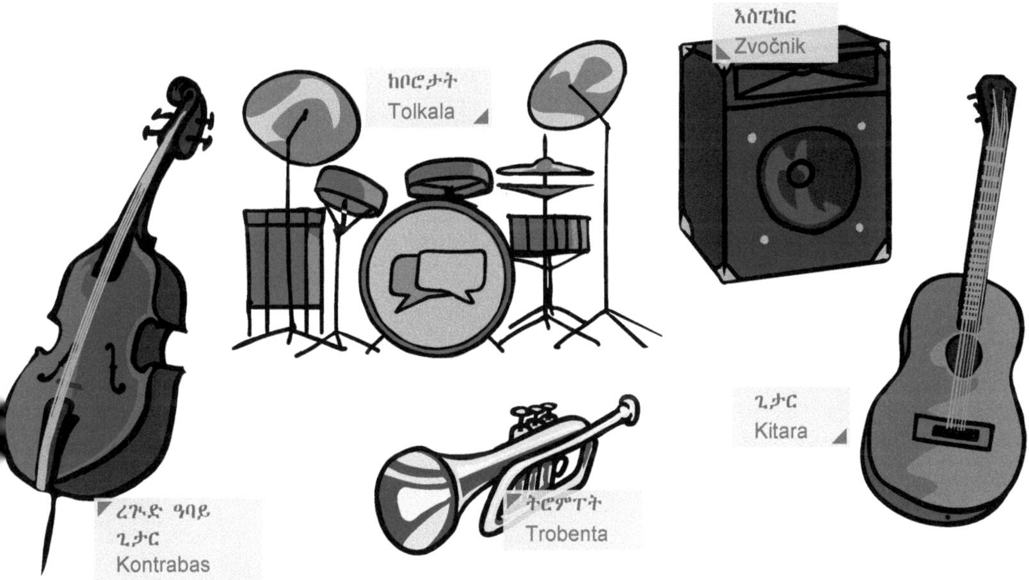

ከበሮታት
Tolkala

እስፒከር
Zvočnik

ሪጉድ ዓባይ ጊታር
Kontrabas

ትሮምፐት
Trobenta

ጊታር
Kitara

ፒያኖ
Klavir

ቪዮሊን
Violina

ባስ ጊታር
Bas kitara

ቲምንኢ
Pavke

ከቦሮ
Bobni

ኦርጋን
Sintetizator

ሳክሶፎን
Saksofon

ሻምብቆ
Flavta

ሚክሮፎን
Mikrofon

መካነ እንስሳታት

Živalski vrt

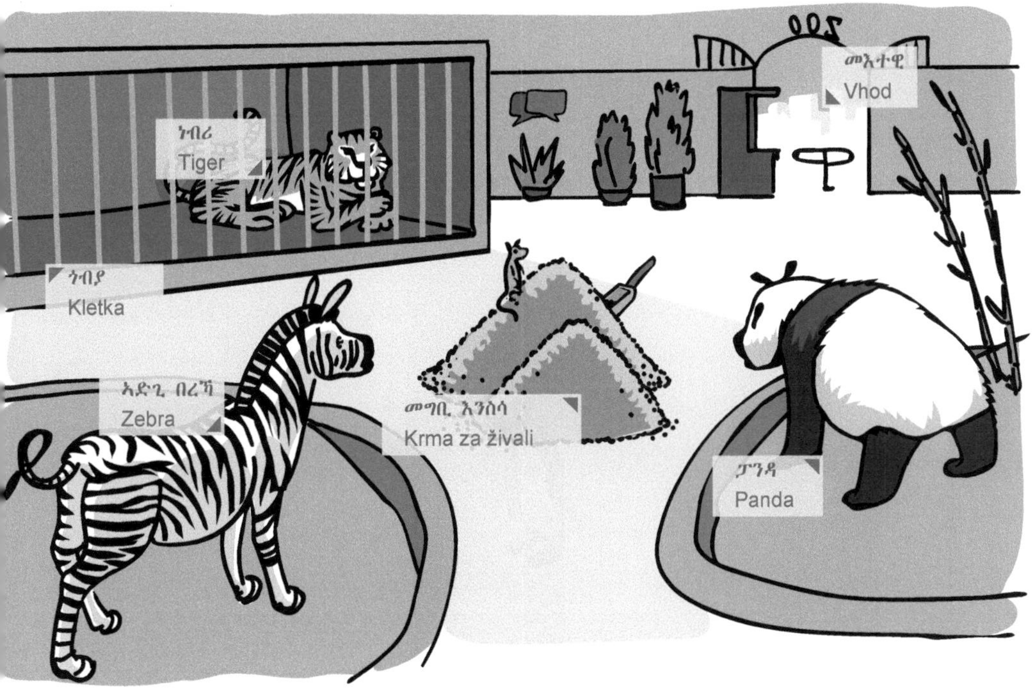

ZOO
መእተዊ
Vhod
ነብሪ
Tiger
ጎብያ
Kletka
ኣድጊ በረኻ
Zebra
መግቢ እንስሳ
Krma za živali
ፓንዳ
Panda

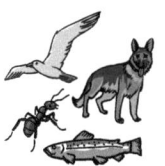

እንስሳታት

Živali

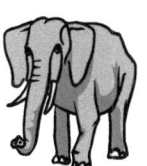

ሓርማዝ

Slon

ካንጋሩ

Kenguru

ሓሪሽ

Nosorog

ጕሪላ

Gorila

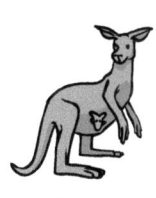

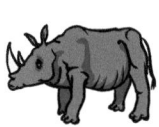

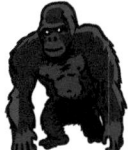

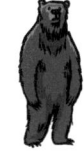

ድቢ

Medved

ገመል

Kamela

ሰገን

Noj

አንበሳ

Lev

ህበይ

Opica

ፍላሚንጎ

Plamenec

ሕንጻይ

Papagaj

ድቢ በረድ

Severni medved

ፐንጉን

Pingvin

ከልቢ ዓሳ

Morski pes

ጣውስ

Pav

ተመን

Kača

ሓርጽ

Krokodil

ሓላዊ ቤት ገርድሽ

Oskrbnik v živalskem vrtu

ዓሳ ዚምገብ እንስሳ ባሕሪ

Tjulenj

ጃጓር

Jaguar

ሓጹር ፈረስ
Poni

ነብሪ
Leopard

ጉማሪ
Povodni konj

ጂራፍ
Žirafa

ሊላ
Orel

መፍለስ
Divji prašič

ዓሳ
Riba

ጎብየ
Želva

ዋልሩስ
Mrož

ወኻርያ
Lisica

ሰስሓ
Gazela

ናይ አሜሪካ ኩዕሶ እግሪ
Ameriški nogomet

ምዝዋር ብሽግላታ
Kolesarjenje

ተኒስ
Tenis

ባስኬትባል
Košarka

ምሕምባስ
Plavanje

ቦክሲንግ
Boks

ሆኪ በረድ
Hokej

ኩዕሶ እግሪ
Nogomet

ባድሚንቶን
Badminton

እስፖርታዊ ንጥፈታት
Atletika

ኩዕሶ ኢድ
Rokomet

ስኪ
Smučanje

ፖሎ
Polo

ነጠረ
Skočiti

ሰሓቐ
Smejati se

ሓቖፈ
Objeti

ኪድ
Hoditi

ጸለየ
Peti

ጸለየ
Moliti

ሰዓመ
Poljubiti

ሓለመ
Sanjati

ጸሓፈ
Pisati

ሰኣለ
Risati

ኣርኣየ
Pokazati

ደፍአ
Potisniti

ሃበ
Dati

ወሰደ
Vzeti

አለወ
....
Imeti

ገበረ
....
Narediti

ኮነ
....
Biti

ጠጠው በለ
....
Stati

ጎየየ
....
Teči

ሰሓበ
....
Vleči

ሰንደወ
....
Vreči

ወደቐ
....
Pasti

ሓሰወ
....
Ležati

ተጸበየ
....
Čakati

ሰከሞ
....
Nositi

ኮፍ በለ
....
Sedeti

ተኸድነ
....
Obleči se

ደቀሰ
....
Spati

ተስአ
....
Zbuditi se

ረአየ
....
Gledati

በኸየ
....
Jokati

ብኣጻብዑ ደረዘ
....
Božati

መሸጠ
....
Česati se

ተዛረበ
....
Govoriti

ተረድአ
....
Razumeti

ሓተተ
....
Vprašati

ሰምዐ
....
Poslušati

ሰተየ
....
Piti

በልዐ
....
Jesti

አጽመጠ
....
Pospraviti

አፍቀረ
....
Ljubiti

ከሸነ
....
Kuhati

ዘወረ
....
Voziti

ነፈረ
....
Leteti

ብመርከብ ገየሽ

Jadrati

ደመረ

Računanje

አንበበ

Brati

ተመሃረ

Učiti se

ሰርሐ

Delati

መርዓወ

Poročiti se

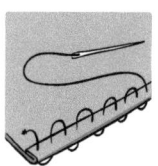

ሰፈየ

Šivati

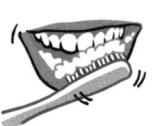

ጽሬት አስናን

Ščetkati si zobe

ቀተለ

Ubiti

ሽጋራ ተከኸ

Kaditi

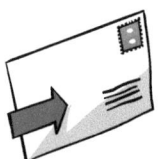

ሰደደ

Poslati

ስድራቤት
Družina

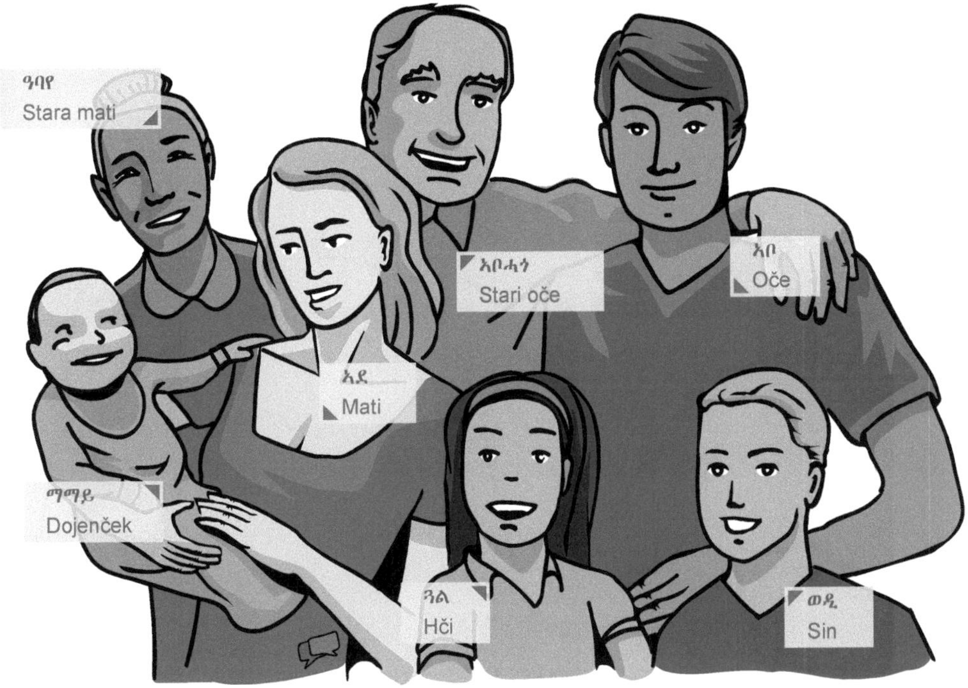

ዓባየ
Stara mati
ኣቦሓጎ
Stari oče
ኣቦ
Oče
ኣደ
Mati
ማማይ
Dojenček
ጓል
Hči
ወዲ
Sin

ጋሻ

Gost

ሓትኖ

Teta

ኣኮ

Stric

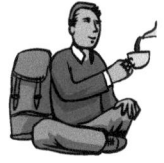

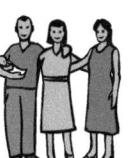

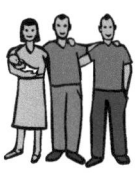

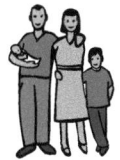

ሓው

Brat

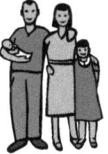

ሓፍቲ

Sestra

ግንባር
Čelo

ዓይኒ
Oko

ገጽ
Obraz

መንከስ
Brada

አጻብዕ
Prst

ኢድ
Dlan

አፍ-ልቢ
Prsi

ምናት
Roka

መንኵብ
Rama

ሸፋን እግሪ
Noga

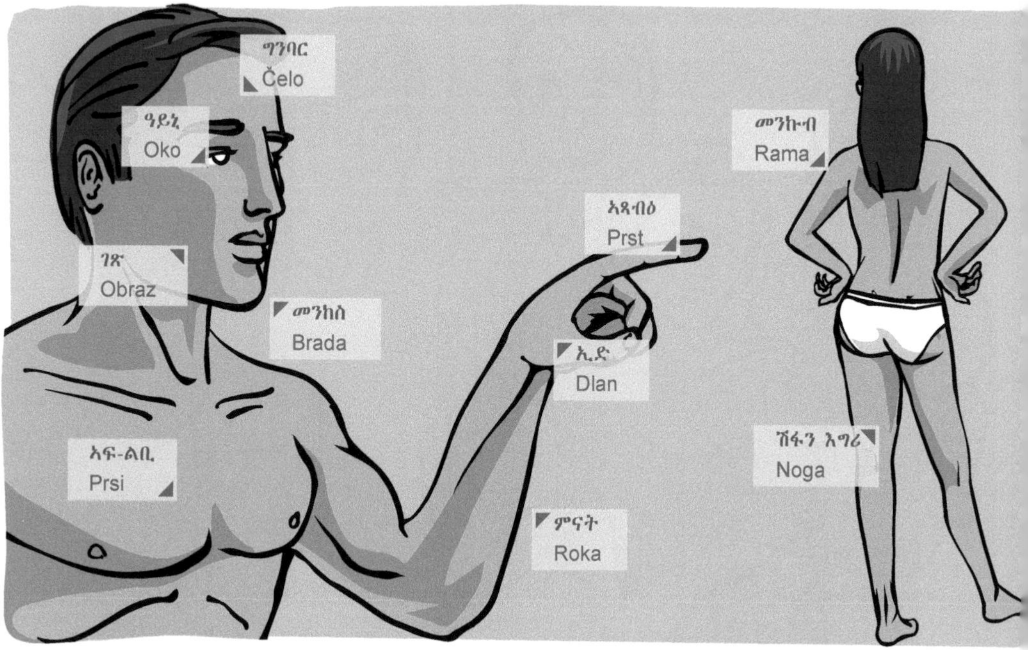

ማማይ
Dojenček

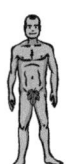

ሰብአይ
Človek

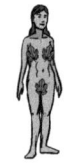

ሰበይቲ
Ženska

ጓል
Dekle

ወዲ
Fant

ርእሲ
Glava

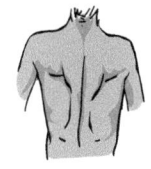

ሕቆ
Hrbet

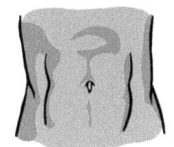

ከስዐ
Trebuh

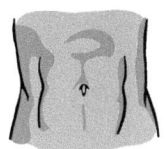

ሕምብርቲ
Popek

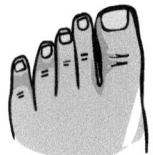

ኣጻብዕ እግሪ
Prst na nogi

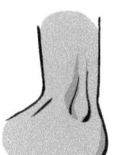

ኩርኵረ
Peta

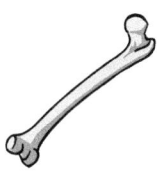

ዓጽሚ
Kost

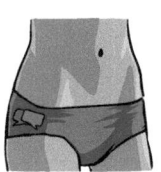

ምሕኮልቲ
Kolk

ብርኪ
Koleno

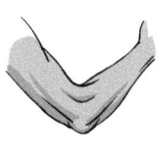

ፍግፍጕ
Komolec

ኣፍንጫ
Nos

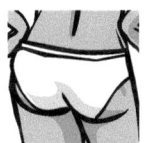

መዓኮር
Zadnjica

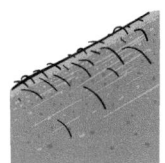

ቆርበት
Koža

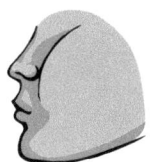

ምዕጉርቲ
Lice

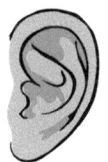

እዝኒ
Uho

ከንፈር
Ustnica

አፍ

Usta

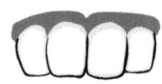

ስኒ

Zob

መልሐስ

Jezik

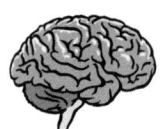

ሓንጎል

Možgani

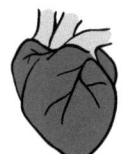

ልቢ

Srce

ጭዋዳ

Mišica

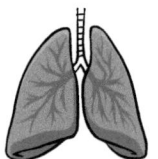

ሳንቡእ

Pljuča

ጸላም ከብዲ

Jetra

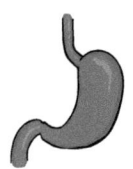

ከብዲ

Želodec

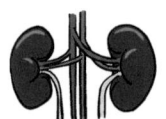

ኩሊት

Ledvice

ግብረ ስጋ

Spolni odnos

ኮንዶም

Kondom

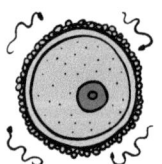

እንቋቍሓ

Jajčece

ዘርኢ ተባዕታይ

Semenska tekočina

ጥንሲ

Nosečnost

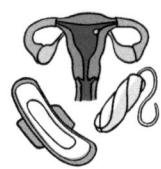

ጽግያት
....
Menstruacija

ርሕሚ
....
Vagina

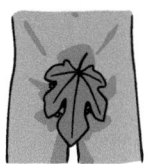

መትሎ
....
Penis

ሸፋሸፍቲ
....
Obrv

ጸግሪ
....
Lasje

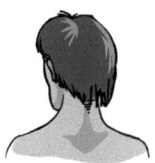

ክሳድ
....
Vrat

ሆስፒታል
Bolnišnica

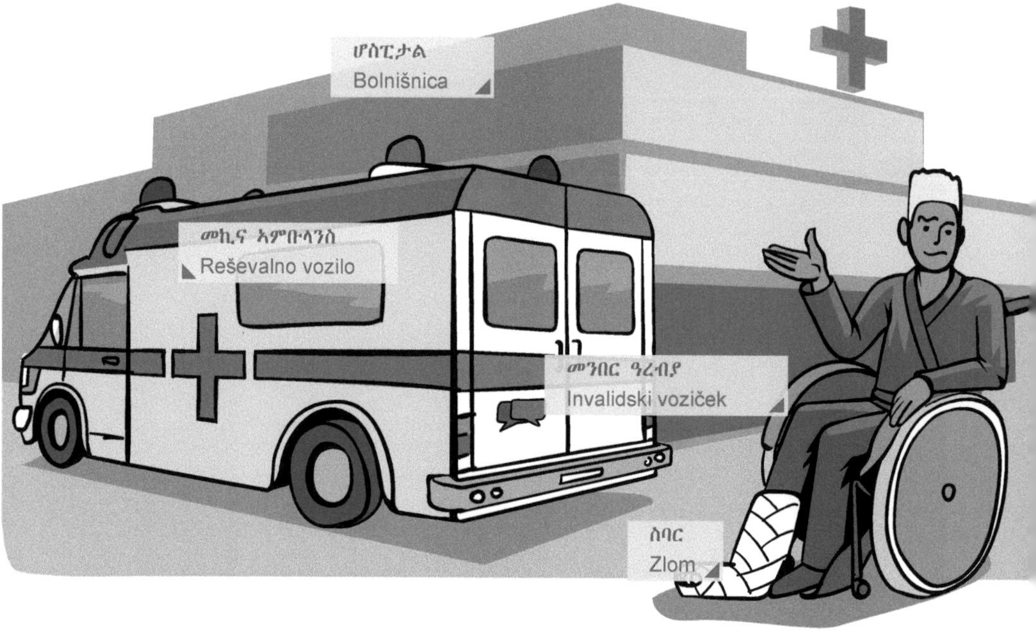

ሆስፒታል
Bolnišnica
መኪና ኣምቡላንስ
Reševalno vozilo
መንበር ዓረብያ
Invalidski voziček
ስባር
Zlom

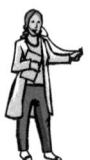

ሓኪም

Zdravnik

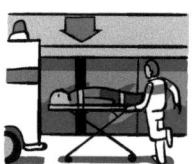

ክፍሊ ህጹጽ ረድኤት

Urgenca

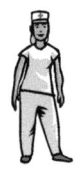

ኣላይት

Medicinska sestra

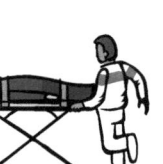

ህጹጽ ኩነት

Nujni primer

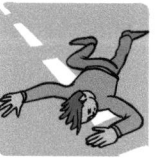

ውነኡ ዘጥፍአ

Nezavesten

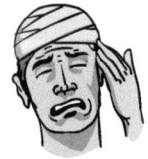

ቃንዛ

Bolečina

ጉድኣት

Poškodba

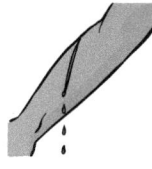

ደም

Krvavenje

ማህረምቲ

Srčni infarkt

ማህረምቲ

Kap

ኣለርጂ

Alergija

ሰዓል

Kašelj

ረስኒ

Vročina

ኡንፍልወንዛ

Gripa

ውጽኣት

Driska

ቃንዛ ርእሲ

Glavobol

መንሽሮ

Rak

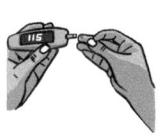

ሹኮርያ

Sladkorna bolezen

ሓኪም መጥባሕቲ

Kirurg

መጥብሒ

Skalpel

መጥባሕቲ

Operacija

ሆስፒታል - Bolnišnica

CT
....
CT

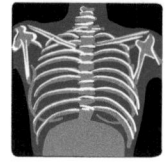

ራጂ
....
Rentgen

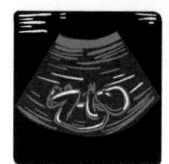

ልዕለ ድምጻዊ
....
Ultrazvok

መሸፈኒ ገጽ
....
Obrazna maska

ሕማም
....
Bolezen

ክፍሊ ምጽባይ
....
Čakalnica

ምርኩስ
....
Bergla

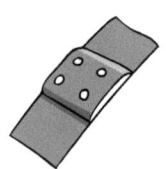

መጅነኒ ቁስሊ
....
Obliž

መጅነኒ
....
Preveza

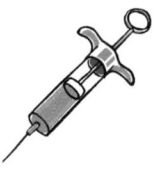

መርፍዕ ምውጋእ
....
Injekcija

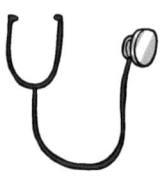

ስተቶስኮፕ
....
Stetoskop

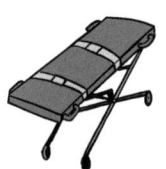

መሰከሚ ሕማም
....
Nosila

ቴርሞመተር
....
Klinični termometer

ትውልዲ
....
Porod

ልዕለ-ሚዛን
....
Prekomerna teža

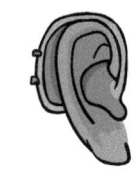

ሓገዝ ምስማዕ

Slušni pripomoček

ኣንጻሂ

Razkužilo

ልበዳ

Okužba

ቫይረስ

Virus

ኤድስ

HIV / AIDS

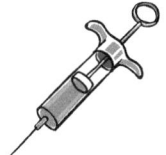

ሕክምና

Medicina

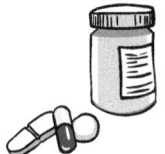

ክታብ

Cepljenje

ኪኒ

Tablete

ኪኒ

Tableta

ህጹጽ ምድዋል

Klic v sili

መዕቀኒ ጸቕጢ ደም

Merilnik krvnega tlaka

ሕሙም / ጥዑይ

bolano / zdravo

ሓገዝ
Na pomoč!

ኣላርም
Alarm

ምህጅም
Napad

መጥቃዕቲ
Napad

ድንገት
Nevarnost

ህጹጽ መውጽኢ
Izhod v sili

ሓዊ!
Gori!

መጥፍኢ ሓዊ
Gasilni aparat

ሓደጋ
Nezgoda

ሳንጣ ቀዳማይ ረድኤት
Komplet za prvo pomoč

SOS
SOS

ፖሊስ
Policija

ኤውሮጳ

Evropa

ሰሜን አመሪካ

Severna Amerika

ደቡብ አመሪካ

Južna Amerika

አፍሪቃ

Afrika

ኤስያ

Azija

አውስትራልያ

Avstralija

አትላንቲክ

Atlantski ocean

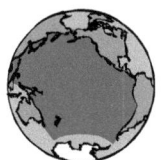

ፓሲፊክ

Tihi ocean

ህንዳዊ ዉቅያኖስ

Indijski ocean

አንታርቲካዊ ዉቅያኖስ

Južni ocean

አርክቲካዊ ዉቅያኖስ

Arktični ocean

ሰሜናዊ ዋልታ

Severni tečaj

ደቡባዊ ዋልታ

Južni tečaj

አንታርቲካ

Antarktika

ምድሪ

Zemlja

መሬት

Kopno

ባሕሪ

Morje

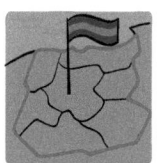

ደሴት

Otok

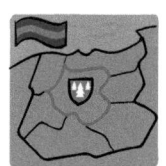

ሃገር

Narod

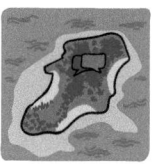

ዓዲ

Država

ገጽ ሰዓት

Številčnica

አመልካቺ ሰዓታት

Urni kazalec

አመልካቺ ደቃይቆ

Minutni kazalec

አመልካቺ ካልኢት

Sekundni kazalec

ሰዓት ክንደይ አሎ?

Koliko je ura?

መዓልቺ

Dan

ግዜ

Čas

ሕጀ

Zdaj

ዲጊታል ሰዓት

Digitalna ura

ደቒቆ

Minuta

ሰዓት

Ura

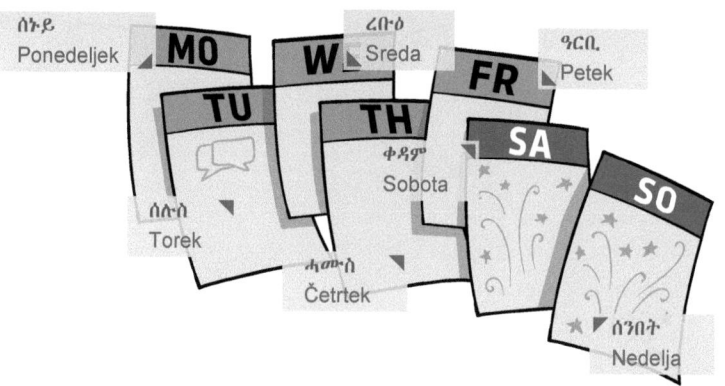

ሰኑይ
Ponedeljek

ሰሉስ
Torek

ረቡዕ
Sreda

ዓርቢ
Petek

ቀዳም
Sobota

ሓሙስ
Četrtek

ሰንበት
Nedelja

ትማሊ
....
Včeraj

ሎሚ
....
Danes

ጽባሕ
....
Jutri

ንጎሆ
....
Jutro

ቀትሪ
....
Poldne

ምሸት
....
Večer

መዓልታት ስራሕ
....
Delovni dnevi

መወዳእታ ሰሙን
....
Konec tedna

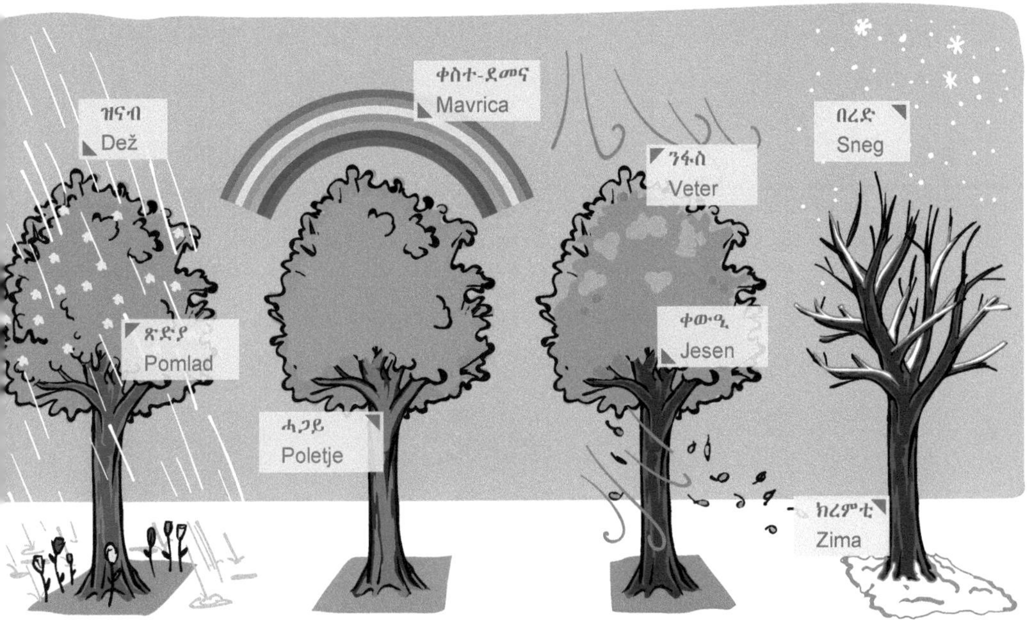

ዝናብ
Dež

ቀስተ-ደመና
Mavrica

ንፋስ
Veter

በረድ
Sneg

ጽድያ
Pomlad

ሓጋይ
Poletje

ቀውዒ
Jesen

ክረምቲ
Zima

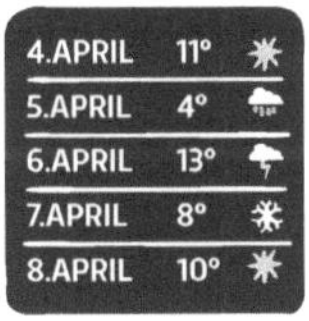

4.APRIL	11°	☀
5.APRIL	4°	☁
6.APRIL	13°	☂
7.APRIL	8°	❄
8.APRIL	10°	☀

ትንቢት ኩነታት ኣየር
....
Vremenska napoved

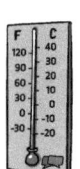

ቴርሞመተር
....
Termometer

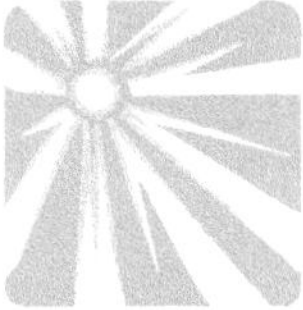

ብርሃን ጸሓይ
....
Sončna svetloba

ደበና
....
Oblak

ግመ
....
Megla

ጠሊ
....
Vlažnost

ብርቂ
....
Strela

ነጕዳ
....
Grom

ህቦብላ
....
Nevihta

በረድ
....
Toča

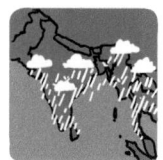

ብርቱዕ ህቦብላ
....
Monsun

ውሕጅ
....
Poplava

በረድ
....
Led

ጥሪ
....
Januar

ለካቲት
....
Februar

መጋቢት
....
Marec

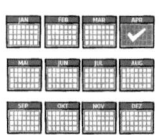

ሚያዝያ
....
April

ጉንበት
....
Maj

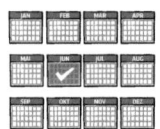

ሰነ
....
Junij

ሓምለ
....
Julij

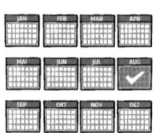

ነሓሰ
....
Avgust

ዓመት - Leto

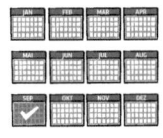

መስከረም
....
September

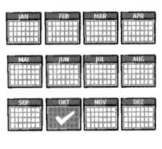

ጥቅምቲ
....
Oktober

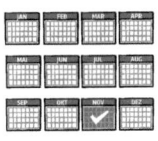

ሕዳር
....
November

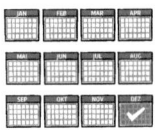

ታሕሳስ
....
December

ዙሪያ
....
Krogla

ትርብዒት
....
Kvadrat

ቅኑዕ ርቡዕ ኩርናዕ
....
Pravokotnik

ስሉስ ኩርናዕ
....
Trikotnik

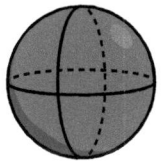

ክቢ
....
Krogla

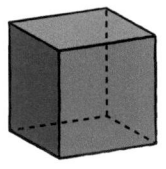

ኩቦ
....
Kocka

ጻዕዳ

Bela

ብጫ

Rumena

ኣራንሺ

Oranžna

ፒንክ

Rožnata

ቀይሕ

Rdeča

ጁክ

Vijolična

ሰማያዊ

Modra

ቀጠልያ

Zelena

ቡናዊ

Rjava

ሓሙኽሽታይ

Siva

ጸሊም

Črna

ብዙሕ / ውሑድ
veliko / malo

ሕሩቕ / ሰላማዊ
jezno / umirjeno

ጽቡቕ / ክፉእ
lepo / grdo

መጀመርያ / መወዳእታ
začetek / konec

ዓቢ / ንእሽቶ
veliko / majhno

ብሩህ / ጸልማት
svetlo / temno

ሓው / ሓፍት
brat / sestra

ጽሩይ / ርሳሕ
čisto / umazano

ምሉእ / ዘይምሉእ
popolno / nepopolno

መዓልቲ / ለይቲ
dan / noč

ሙዉት / ህልው
mrtvo / živo

ሰፊሕ / ጸቢብ
široko / ozko

ደስ ዘበል / ደስ ዘይብል
....
užitno / neužitno

እኩይ / ህያዋይ
....
zlobno / prijazno

ርቡጽ / ስልኩይ
....
vznemirjeno / zdolgočaseno

ረጊድ / ቀጢን
....
debelo / vitko

ቀዳማይ / ናይ መወዳእታ
....
prvo / zadnje

ዓርኪ / ጸላኢ
....
prijatelj / sovražnik

ምሉእ / ባዶ
....
polno / prazno

ተሪር / ልስሉስ
....
trdo / mehko

ከቢድ / ፈኲስ
....
težko / lahko

ጥምየት / ጽምየት
....
lakota / žeja

ሕሙም / ጥዑይ
....
bolano / zdravo

ዘይሕጋዊ / ሕጋዊ
....
nezakonito / zakonito

መስተውዓሊ / ስዲ
....
pametno / neumno

ጸጋም / የማን
....
levo / desno

ቅረባ / ርሑቕ
....
blizu / daleč

ሓዲሽ / ብሉይ
....
novo / rabljeno

ዋላ ሓደ / ገለ
....
nič / nekaj

ዓቢ/ኣረጊት / መንእሰይ
....
staro / mlado

ወልዕ / ኣጥፍእ
....
vklopljeno / izklopljeno

ክፉት / ዕጹው
....
odprto / zaprto

ህዱእ / ዓው
....
tiho / glasno

ሃብታም / ድኻ
....
bogato / revno

ቅኑዕ / ግጉይ
....
prav / narobe

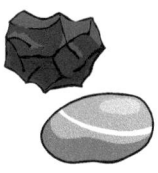

ሓርፋፍ / ልሙጽ
....
grobo / gladko

ጉሁይ / ሕጉስ
....
žalostno / veselo

ሓጺር / ነዊሕ
....
kratko / dolgo

ቀስ / ቅልጡፍ
....
počasi / hitro

ጥሉል / ንቑጽ
....
mokro / suho

ምዉቕ / ዝሑል
....
toplo / hladno

ውግእ / ሰላም
....
vojna / mir

0
ዜሮ
Ničla

1
ሓደ
Ena

2
ክልተ
Dva

3
ሰለስተ
Tri

4
ኣርባዕተ
Štiri

5
ሓሙሽተ
Pet

6
ሽዱሽተ
Šest

7
ሸውዓተ
Sedem

8
ሸሞንተ
Osem

9
ትሽዓተ
Devet

10
ዓሰርተ
Deset

11
ዓሰርተ ሓደ
Enajst

12
ዓሰርተ ክልተ
Dvanajst

13
ዓሰርተ ሰለስተ
Trinajst

14
ዓሰርተ አርባዕተ
Štirinajst

15
ዓሰርተ ሓሙሽተ
Petnajst

16
ዓሰርተ ሽዱሽተ
Šestnajst

17
ዓሰርተ ሽውዓተ
Sedemnajst

18
ዓሰርተ ሸሞንተ
Osemnajst

19
ዓሰርተ ትሽዓተ
Devetnajst

20
ዕስራ
Dvajset

100
ሚእቲ
Sto

1.000
ሽሕ
Tisoč

1.000.000
ሚልዮን
Milijon

እንግሊዝኛ

Angleščina

አመሪካዊ እንግሊዛዊ

Ameriška angleščina

ቻይናዊ ማንዳሪን

Mandarinščina

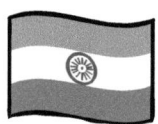

ሂንዳዊ

Hindujščina

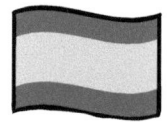

እስጳኛዊ

Španščina

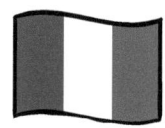

ፈረንሳዊ

Francoščina

ዓረባዊ

Arabščina

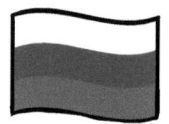

ሩሲያዊ

Ruščina

ፖርቱጋላዊ

Portugalščina

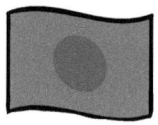

በንጋሊ

Bengalščina

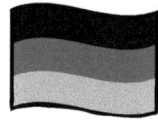

ጀርመናዊ

Nemščina

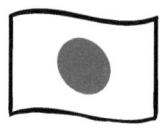

ጃፓናዊ

Japonščina

አነ

Jaz

ንስኻ/ኺ.

Ti

ንሱ / ንሳ / ንሱ

On / ona / tisto

ንሕና

Mi

ንስኻ

Vi

ንሳቶም

Oni

መን?

Kdo?

እንታይ?

Kaj?

ከመይ?

Kako?

አበይ?

Kje?

መዓስ?

Kdaj?

ሽም

Ime

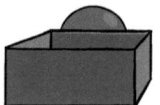

ድሕሪ
Zadaj

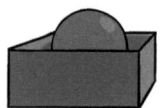

አብ
V

አብ ቅድሚ
Pred

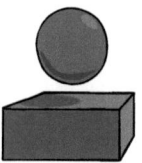

አብ ላዕሊ
Nad

አብ ልዕሊ
Na

ትሕቲ ምድሪ
Pod

አብ ጥቓ
Poleg

አብ መንጎ
Med

በታ
Kraj